Teatro

FUNDAÇÃO EDITORA DA UNESP

Presidente do Conselho Curador
Mário Sérgio Vasconcelos

Diretor-Presidente / Publisher
Jézio Hernani Bomfim Gutierre

Superintendente Administrativo e Financeiro
William de Souza Agostinho

Conselho Editorial Acadêmico
Divino José da Silva
Luís Antônio Francisco de Souza
Marcelo dos Santos Pereira
Patricia Porchat Pereira da Silva Knudsen
Paulo Celso Moura
Ricardo D'Elia Matheus
Sandra Aparecida Ferreira
Tatiana Noronha de Souza
Trajano Sardenberg
Valéria dos Santos Guimarães

Editores-Adjuntos
Anderson Nobara
Leandro Rodrigues

MARVIN CARLSON

TEATRO
UMA BREVÍSSIMA INTRODUÇÃO

Tradução
Miguel Yoshida

editora
unesp

© 2014 Marvin Carlson
© 2023 Editora Unesp

Theatre: A Very Short Introduction is originally published in English in 2014. This translation is published by arrangement with Oxford University Press.

Editora Unesp is solely responsible for this translation from the original work and Oxford University Press shall have not liability for any errors, omissions or inaccuracies or ambiguities in such translation or for any losses caused by reliance thereon.

Theatre: A Very Short Introduction foi originalmente publicada em inglês em 2014. Esta tradução é publicada por acordo com a Oxford University Press. A Editora Unesp é o único responsável por esta tradução da obra original e a Oxford University Press não terá nenhuma responsabilidade por quaisquer erros, omissões, imprecisões ou ambiguidades em tal tradução ou por quaisquer perdas causadas pela confiança nisso.

Direitos de publicação reservados à:
Fundação Editora da Unesp (FEU)
Praça da Sé, 108
01001-900 – São Paulo – SP
Tel.: (0xx11) 3242-7171
Fax: (0xx11) 3242-7172
www.editoraunesp.com.br
www.livrariaunesp.com.br
atendimento.editora@unesp.br

Dados Internacionais de Catalogação na Publicação (CIP) de acordo com ISBD
Elaborado por Vagner Rodolfo da Silva – CRB-8/9410

C284t   Carlson, Marvin

         Teatro: Uma brevíssima introdução / Marvin Carlson; traduzido por Miguel Yoshida. – São Paulo: Editora Unesp, 2023.

         Tradução de: *Theatre: A Very Short Introduction*
         Inclui bibliografia.
         ISBN: 978-65-5711-153-6

         1. Teatro. I. Yoshida, Miguel. II. Título.

                                                                       CDD 792
2023-2770   CDU 792

Índice para catálogo sistemático:

1. Teatro 792
2. Teatro 792

Editora afiliada:

Sumário

7 . Lista de ilustrações

  9 . Capítulo 1 – O que é teatro
 47 . Capítulo 2 – Religião e teatro
 85 . Capítulo 3 – Teatro e drama
115 . Capítulo 4 – Teatro e performance
147 . Capítulo 5 – Os fazedores de teatro

175 . Leituras de aprofundamento/ Para saber mais
181 . Índice remissivo

Lista de ilustrações

1. Teatro grego em Epidauros
The Art Archive/Gianni Dagli Orti

2. Ópera chinesa contemporânea
© Sergiu Turcanu/Alamy

3. Reconstrução moderna de uma performance medieval em Coventry, Inglaterra
AKG/North Wind Picture Archives

4. Peça da Paixão em Oberammergau encenada em 1860
Mary Evans/SZ Photo/Scherl

5. Reconstrução renascentista hipotética de uma performance clássica de Terêncio
Bibliothèque nationale de France

6. O narrador (*tayu*) em um teatro bunraku
akg-images/Werner Forman

7. Chris Burden, *Shoot*, 1971
© Chris Burden. Cortesia do artista e da Gagosian Gallery

8. Ritual Theyyam, Kerala, Índia
© Hornbil Images/Alamy

9. Ator fantasiado nas paredes da caverna paleolítica dos Três Irmãos, França
© Image Asset Management Ltd./Alamy

10. David Belasco com seus cenógrafos e técnicos, 1912
De *The Theatre Through its Stage Door*, de David Belasco, publicado pela Harper & Brothers Publishers, 1919

Capítulo 1
O que é teatro

As origens do que hoje é chamado de teatro são muito anteriores aos registros históricos. O teatro é construído a partir daquilo que aparentemente são atividades humanas universais. Há uma discussão interminável e, no fim das contas, infrutífera sobre qual dessas atividades foi a verdadeira base do teatro. Assim, a melhor resposta é que as atividades se combinavam e se desenvolviam em incontáveis maneiras distintas em diferentes comunidades e culturas, resultando, no mundo moderno, em uma vasta gama de práticas teatrais e de formas relacionadas ao teatro.

Imitação

Uma dessas atividades básicas, claramente, é a imitação. Pinturas nas cavernas do Paleolítico fornecem evidências irrefutáveis de quão antigo é esse interesse, e tudo que sabemos ou que podemos especular sobre os primeiros humanos indica que o fascínio pela imitação não era restrito à representação gráfica: também se realizava como prática corporal.

Figuras sobrenaturais, animais e figuras humanas icônicas decerto eram representadas por atores em sua comunidade da mesma maneira que estão representadas nas paredes das cavernas paleolíticas. Outra atividade encontrada em todas as culturas humanas é algum tipo de narrativa. Dentre as mais antigas formas de história que conhecemos estão os mitos culturais, as histórias de deuses, de como o mundo e o ser humano surgiram, e a dinâmica da interação do homem com o mundo. Em geral, a pessoa que narra essas histórias tem uma posição especial na sociedade: algumas vezes é simplesmente um animador, mas também às vezes um vidente, um guia, um xamã. Sempre houve uma conexão estreita entre imitação e narração. Uma parte importante da narração vem do fato de o narrador assumir diferentes papéis e vozes; pode-se considerar o teatro como sendo construído do mesmo material que a narração, mas encenado de maneira imitativa com corpos inteiros, e não apenas com inflexões de uma única voz.

Uma das fórmulas mais conhecidas do drama foi elaborada pelo teórico Eric Bentley em 1965: "A personifica B enquanto C olha". Os dois verbos são a chave; o primeiro enfatiza a ideia de imitação ativa e o segundo, a de espectador. Bastante simples, essa fórmula permite uma distinção fundamental a ser feita entre formas tão estreitamente correlacionadas como dança e narração (com a importante ressalva de que ambas podem se mover dentro do reino do teatro se a "personificação" estiver envolvida). A fórmula considera, claro, que A, B e C são todos humanos, e isso é de fato verdade, embora haja peças em que os atores humanos personificam animais, insetos, pássaros, plantas e até mesmo objeto inanimados.

De fato, A tampouco precisa ser humano, e em parte significativa do mundo não o é. A pode ser um objeto inanimado manipulado por um humano; em outras palavras, um fantoche. Na civilização ocidental, o teatro de fantoches em geral é considerado como uma forma menor, adequada a crianças ou à animação folclórica, mas não merecedora de consideração por estudiosos sérios do teatro. Contudo, essa atitude aparentemente está mudando e o teatro de fantoches tem ganhado mais respeito, mais visibilidade e sofisticação, à medida que as plateias ocidentais tomam mais consciência das ricas tradições do teatro de fantoches de outras partes do mundo. Também se deve notar que, ao mesmo tempo que a definição de Bentley cobre as questões essenciais da imitação e audiência, ela exclui outro componente crucial, a narração. Assim, devemos acrescentar a ideia de Aristóteles, para criar uma fórmula que seja algo como "A imita B *realizando uma ação* enquanto C olha".

As fronteiras do teatro

Ainda que aparentemente algum tipo de performance seja universal nas culturas mundiais, a combinação particular de elementos que ficaram conhecidos como teatro é muito mais limitada, apesar de ele ter se desenvolvido de diferentes maneiras em várias partes do mundo. Tanto a palavra quanto o conceito de teatro têm suas raízes na cultura e na prática ocidentais. Em que pese o fato de este estudo tentar fazer uma consideração global dessa arte, é preciso reconhecer que no início, por vezes, houve algumas barreiras consideravelmente arbitrárias impostas ao teatro pela tradição ocidental. Por exemplo, nela, teatro e ópera, em geral, são estudados como formas essencialmente separadas: estudiosos da primeira se concentram nas palavras e os da segunda na música, apesar das muitas semelhanças óbvias entre elas. A dança, apesar de estar não apenas estreitamente relacionada ao teatro, mas por vezes estar integrada a ele, também é bastante omitida nos estudos de teatro. Considerando o caráter limitado deste trabalho, embora relutante, em boa medida vou seguir essa tradição, ao mesmo tempo que vou reconhecer em muitas partes do mundo que tais distinções não foram seguidas a não ser quando sob a influência do colonialismo. Vou tratar dessas questões e outras correlatas na seção sobre teatro e performance.

Meu debate sobre como a forma que chamamos teatro tem se desenvolvido em várias culturas do mundo será realizado, em termos gerais, cronologicamente. Muitas histórias do teatro começam nos rituais do Egito antigo, dos quais tratarei no próximo capítulo e não aqui, desde a mais antiga cultura até a forma completamente desenvolvida que chamamos hoje de teatro. A Grécia clássica foi a principal agente na difusão do conceito com essa forma, primeiro pela Europa e depois a outras partes do mundo, durante o século V a.C. Muitas distintas teorias foram desenvolvidas com relação à origem do teatro grego, mas todas têm sido questionadas e, de fato, não há conhecimento suficiente sobre a vida cultural daquele período para resolver a questão definitivamente. De todo modo, em meados do século V o teatro estava bem estabelecido como uma forma cultural, com regras altamente codificadas para a criação de seus textos, para a caracterização de seus atores e os meios de sua apresentação. A forma foi desenvolvida na cidade de Atenas e difundida a suas colônias. O teatro foi a parte principal de muitos festivais gregos, e três tipos de drama – a tragédia, a comédia e as peças satíricas – eram apresentados nesses festivais em uma competição por honrarias e prêmios. Apesar de se saber pouco sobre o estilo da performance, há muitas representações artísticas dos atores nos demonstrando que eles usavam fantasias e máscaras elaboradas. Uma característica importante das apresentações era o coro, que cantava e dançava.

Grécia e Roma clássicas

Os teatros na Grécia e em Roma eram estruturas municipais ao ar livre para grandes plateias. Toda cidade grega de qualquer tamanho possuía um espaço monumental para o teatro, em geral construído em uma colina, e suas ruínas ainda podem ser encontradas na Grécia e em suas colônias. A área escavada era um semicírculo com bancos de pedra que serviam de assento para a plateia. Descia-se até uma área circular plana, a orquestra, na qual o coro atuava. Além da orquestra, havia a estrutura construída para os atores, a *skene*, da qual provém a palavra moderna *cenário*. A área na frente da *skene*, no início no mesmo nível da orquestra, mas depois erigida a um nível mais alto, mais próximo de um palco moderno, era o *proskenion*, de onde vem a palavra moderna *proscênio* para o arco que circunda o palco moderno (Figura 1).

Figura 1. Teatro grego em Epidauros

Apesar de a grande época da escrita de peças gregas estar restrita ao século V a.C., o teatro continuou a ser parte importante da vida grega e, de fato, com a conquista de Alexandre, o Grande, no século seguinte, essa tradição foi levada para o Mediterrâneo em direção ao Oriente, até a Síria e o Iraque. Os teatros do período helênico não tiveram mudanças radicais em relação à forma; entretanto, naquela época um proscênio elevado era universal e alguns palcos tinham se tornado mais elaborados, contendo dois ou até mesmo três pisos. Peças do período clássico continuaram a ser encenadas, embora as criativas comédias de Aristófanes tenham perdido sua popularidade para um novo estilo de comédia, diminuindo o papel do coro e se distanciando de sátiras de alvos vivos específicos para retratos de personagens mais genéricos e modelares. Os estudiosos helenistas dividiram a comédia nos estilos antigo, médio e novo – o antigo era representado por Aristófanes e seus contemporâneos; o médio, pelas mudanças mencionadas; e o novo, por um grupo de dramaturgos do fim do século IV e início do século III a.C, dos quais o mais conhecido foi Menander.

Nenhum exemplo de comédia do estilo médio sobreviveu, mas uma peça completa de Menandro, *Dyskolos*, foi descoberta em meados do século XX. A nova comédia era caracterizada, antes de tudo, por estar focada na vida burguesa de então. As estruturas básicas de enredo e de personagens-modelo eram escolhidas e utilizadas por Plauto e Terêncio, principais dramaturgos e autores de comédias de Roma, e por meio deles foram difundidas por toda a Europa pelos dramaturgos renascentistas. Como resultado, esses personagens-modelo e a combinação de enredos permanecem como um elemento importante da tradição cômica europeia nos tempos modernos. Os enredos mais comuns eram sobre um casal de jovens amantes frustrados lutando contra membros recalcitrantes da geração anterior e contra possíveis rivais grotescos ajudados por uma variedade de servos, alguns espertos e outros nem tanto, para conseguirem, por fim, uma união feliz.

Como as obras de Plauto e Terêncio, o proeminente dramaturgo romano, sugerem, o drama romano tem como uma das principais fontes o drama grego, e seguiu o estilo deste dividindo-o em comédias e tragédias (a sátira desapareceu completamente). Apesar de a tragédia ter sido popular em Roma, apenas dez delas sobreviveram, todas do tempo do império. Nove são de Sêneca, o filósofo estoico, e o autor da outra, *Octavia*, é desconhecido. O estilo retórico ornamentado e ocasionalmente algumas cenas grotescas levaram muitos historiadores a sugerir que essas peças foram feitas apenas para serem lidas e não encenadas, mas, de fato, elas tiveram um lugar de destaque na história moderna, exercendo grande influência sobre os autores de tragédias no Renascimento. Nos anos finais do Império Romano, o drama literário perdeu lugar para os circos, os combates de gladiadores e espetáculos como a naumaquia, simulações de batalhas navais encenadas em espaços públicos de massas como o Coliseu romano. Algo que de alguma forma se aproximava da tradição do teatro era a pantomima, em geral com coro e dançarinos, mímicos, comediantes ridículos, que traziam algo dos personagens e situações da nova comédia; alguns historiadores defendem que ela construiu pontes para a comédia improvisada, a *commedia dell'arte* do Renascimento.

Embora os palcos originais utilizados por Plauto e Terêncio tenham sido aparentemente plataformas bastante simples, com uma parede de fundo contendo portas para as casas dos vários personagens, muitos outros grandes teatros permanentes foram construídos, mais tarde, por todo o Império Romano, desde a Espanha até o Oriente Médio. O teatro de Pompeia, construído em 55 a.C., quase um século depois de Plauto e Terêncio, foi o primeiro, o maior e o modelo para todos os outros que vieram em seguida. Apesar de ser baseado em modelos gregos, o teatro romano tinha suas especificidades. Ele não era construído em um declive natural, era autônomo. A orquestra grega foi reduzida a um semicírculo, ao passo que o *skene* helênico tornou-se maior e mais elaborado, e suas alas laterais se projetavam vinculando-se aos assentos do *auditorium*, de modo a criar uma estrutura arquitetônica singular. Essas construções monumentais foram encontradas em todas as cidades romanas, independentemente de seu tamanho, e ainda hoje são as características mais distintivas dos sítios arqueológicos romanos no Mediterrâneo e até o norte da Inglaterra.

Com o surgimento do cristianismo, o teatro em geral, e as lascivas mímicas populares em particular, se tornaram objeto de ataque constante. Mas foram as conquistas dos invasores do Norte durante o século V que, de fato, puseram fim ao teatro no Império Ocidental, embora os atores itinerantes tenham levado suas tradições aos séculos posteriores para muitas pessoas. No ano de 330, contudo, o imperador Constantino reconstruiu a cidade oriental de Bizâncio e a tornou a capital. Quando Roma foi tomada, a parte oriental do Império sobreviveu por mais mil anos como Império Bizantino. Formas clássicas populares como mímica, pantomima e artistas de rua continuaram nesse império, assim como os combates de gladiadores e corridas de bigas, espetáculos populares. Mas, apesar dos esforços consideráveis, os historiadores não encontraram nenhuma evidência sólida de uma tradição teatral contínua, no sentido clássico, no Império Bizantino.

Índia clássica

Ao mesmo tempo que o teatro decaía na Europa, ele surgia na Ásia. As mais antigas referências a representações dramáticas vêm da Índia do século II. O grande livro escolar indiano sobre teatro, o *Natyasastra*, foi criado entre os séculos II a.C. e II d.C. O *Natyasastra* tem a mesma relevância para a Ásia Central que a *Poética* de Aristóteles para a Europa, mas possui uma abrangência muito mais ampla, tratando da estrutura dramática e da atuação, do figurino, do cenário e da arquitetura teatral. O lugar descrito para a performance no *Natyasastra* está muito mais próximo à ideia moderna ocidental que aquele da Grécia e Roma clássicas. As dimensões exatas de um teatro comum são dadas: uma estrutura retangular de aproximadamente 15 metros de largura e 30 metros de comprimento. Essa área seria, então, dividida ao meio, metade para a plateia, metade para os atores; o espaço de atuação seria dividido ainda em palco e bastidores. Diferente dos grandes teatros públicos gregos e romanos, esses clássicos indianos eram patrocinados pelas cortes reais e eram evidentemente para uma plateia da elite de no máximo quinhentas pessoas.

Embora uma variedade de idiomas fosse utilizada nessas peças, os reis e seres divinos falavam sânscrito, o idioma da corte, e essa tradição ficou conhecida como o teatro sânscrito. Por volta de trezentas peças sânscritas sobreviveram, sobretudo dos séculos II e III. As peças eram basicamente de dois tipos: Nakata, envolvendo reis e seres divinos; e Prakarana, envolvendo personagens de classe média. Essa divisão sugere aquela entre a tragédia e a comédia no drama clássico grego, mas essa é uma das poucas similaridades entre elas. Alguns historiadores sugerem que Alexandre, o Grande, amante do teatro, pode ter levado a forma com ele quando invadiu o norte da Índia em 372 a.C., mas não existem evidências diretas disso, e há pouco no teatro sânscrito que corrobore essa informação. Tanto a estrutura física do teatro quanto o drama em si são completamente diferentes. As peças sânscritas são longas, com ações complexas e uma mistura de tonalidades muito mais parecida com Shakespeare que com os gregos, e invariavelmente têm um final feliz ou ao menos reconciliatório. As histórias derivam principalmente dos grandes épicos indianos como o *Ramayana* e a *Mahabharata*.

Kalidasa, cujo *Shakuntala* é produzido no Ocidente com frequência, é o mais conhecido dramaturgo sânscrito; ele escreveu provavelmente durante o século IV. Bhavabhuti foi o último importante dramaturgo sânscrito, no século VIII, mas a tradição continuou, em especial no nordeste da Índia, onde a corte Sena do século XI e XII a apoiava fortemente. Em seguida, Bengala se tornou o centro do drama sânscrito e uma tradição significativa continuou até meados do século XIX, com o surgimento do teatro bengali nativo. Um dos ramos conhecidos do teatro sânscrito se fundiu com performances cômicas locais em Kerala, sudeste da Índia, para formar o teatro Kutiyattam, tradicionalmente encenado no interior do confinamento dos templos hindus, uma forma que existe ainda hoje. A performance mímica apenas com homens durava muitos dias e apresentava acompanhamento musical e figurino elaborado.

China clássica

O teatro na China se desenvolveu quase na mesma época que na Índia. A ópera chinesa tem suas raízes na ópera Canjun do século III, e foi se desenvolvendo ao longo dos séculos seguintes, primeiro como um entretenimento da corte, ainda que a primeira companhia de ópera organizada da qual se tem notícia na China tenha sido formada apenas no início do século VIII. Muito antes disso, outra variedade do teatro mundial se desenvolveu na China: o teatro de fantoches, em geral negligenciado pelos historiadores do teatro ocidental. Suas origens remontam à Ásia tanto quanto aquelas do teatro vivo. No século I a.C., ao mesmo tempo que os primeiros dramas sânscritos estavam sendo criados na Índia, a arte do teatro de sombras se desenvolvia na China. Em algumas partes da Ásia, a origem dessa forma é atribuída ao estrategista militar Zhang Liang que, diz-se, utilizava grandes bonecos de sombra com silhueta de soldados para defender uma fortaleza desprotegida. O primeiro registro evidente do que podemos chamar hoje de teatro de sombras, contudo, vem de quase um século depois de Zhang Liang, por volta de 100 a.C. Assim, histórias da dinastia Han contam da tristeza do imperador com a morte prematura de sua concubina favorita, Madame Li. Para consolá-lo, um conselheiro prometeu evocar o espírito dela, o que ele fez criando o que seria, aparentemente, o primeiro teatro de sombras no qual a simulação de uma figura de Madame Li aparecia. O rei ficou tão maravilhado que incentivou o desenvolvimento dessa arte, com resultados infelizes. Alguns anos depois, em 96 a.C., o imperador paranoico ordenou uma série de investigações e execuções por conta de um pesadelo que teve em que ele se via atacado por bonecos movidos por pequenos bastões.

Uma vez estabelecido, o teatro de sombras aos poucos se tornou parte importante da cultura chinesa. Durante as dinastias Sui e Tang (581-906), monges budistas e missionários utilizaram o teatro de sombras de modo abundante para a educação religiosa, e durante a dinastia Song (906-1279) o teatro de sombras se tornou uma forma popular de entretenimento de rua. Empresas de viagem encenavam espetáculos de bonecos em teatros improvisados, e com isso se formaram as primeiras guildas desses atores. Os primeiros registros do maior teatro tradicional do Sudeste Asiático, o *wayang kulit*, vêm do século X, e apesar de seu assunto tradicional vir dos épicos hindus, muitos pensam que a forma em si foi importada da China. Embora os materiais sejam diferentes, o teatro é essencialmente o mesmo – figuras bidimensionais elaboradas são expostas em uma tela translúcida iluminada.

Figura 2. Ópera chinesa contemporânea

Mais ou menos no mesmo período em que o teatro de bonecos estava se institucionalizando, a antiga ópera chinesa, ou seja, um entretenimento para a corte, começou a desenvolver variações populares. A primeira trupe nacional dedicada à performance de ópera chinesa foi fundada pelo imperador Xuanzong, que reinou de 712 a 756. Essa forma se desenvolveu de maneira contínua a partir disso, com novas variedades surgindo em diferentes partes da China. A ênfase na ópera chinesa recaiu sobre a música, a dança e o espetáculo, mas as canções também foram importantes; as primeiras formas daquilo que pode ser chamado de dramas musicais, a *nanxi* no Sul e a *zaju* no Norte, foram desenvolvidas durante a dinastia Song. Ambas, ao contrário da ópera chinesa clássica, foram criadas para uma plateia popular, empregavam o dialeto local e tinham narrativas baseadas em uma grande variedade de assuntos – épicos, domésticos, românticos, religiosos. A *nanxi* mais formal permitia apenas um cantor em cada um de seus quatro atos, ao passo que a *zaju* permitia múltiplos personagens. A *nanxi* é a forma mais antiga, e acredita-se que foi criada durante o reinado do imperador Guangzong (1190-4). A *zaju* se desenvolveu posteriormente no entorno do que hoje é Pequim. Em 1280, os mongóis com Kubla Khan completaram a conquista da China e construíram uma nova cidade, Dadu (a ancestral da atual Pequim), como sua nova capital (Figura 2). Apesar de suas atividades belicosas, os governantes mongóis da nova dinastia, os Yuan, incentivavam bastante o teatro. A forma local, a *zaju*, também se difundiu no Sul. Ela desenvolveu uma variedade mais ampla de personagens-modelo e estruturas narrativas mais unitárias que resultaram em uma nova forma, Yuan, que é comumente chamada de primeiro teatro verdadeiro da China. Restam em torno de duzentas peças dessa era, que abarcam grande variedade de assuntos populares: romances, histórias, peças de processos judiciais e bandidos. A peça Yuan mais conhecida com certeza é *O círculo de giz*, escrito no fim do século XIII por Li Xingfu, que ganhou vida nos tempos modernos com a nova versão dela realizada por Bertolt Brecht: *O círculo de giz caucasiano*. No século XVIII, Voltaire, em sua tragédia *O órfão da China*, trouxe a mesma visibilidade para outra importante peça Yuan, *O órfão de Zhao*, do dramaturgo do século XIII Ji Junxiang.

Japão medieval

O Japão medieval foi governado por uma linhagem de ditadores militares, os xoguns. Muitos entretenimentos populares, baseados mais em dança e acrobacias que em narrativas, eram comuns nos primeiros anos do xogunato, que teve início em 1192. Uma das formas mais populares era o *sangaku*, importado da China provavelmente ainda no século VIII. O *sangaku* utiliza malabares, acrobatas, atores e pantomímicos, de maneira que evoca o circo moderno. Em 1374, uma data-chave na história do teatro japonês, o xogum Ashikaga Yoshimitsu assistiu a uma companhia *sarugaku* dirigida pelo produtor Kan'ami e ficou tão impressionado por seu trabalho que se tornou seu financiador. Durante as quatro décadas seguintes, Kan'ami e seu filho Zeami, sustentados pela corte como teóricos, praticantes e escritores, desenvolveram o clássico drama nô, que segue vivo ainda hoje. O *Fushikaden* de Zeami, dedicado acima de tudo à arte de atuar, é o texto fundacional da teoria dramatúrgica japonesa. As performances de *sarugaku* continham tanto elementos sérios quanto cômicos; os primeiros eram desenvolvidos no nô, ao passo que os segundos eram trabalhados em breves peças chamadas Kyogen. Uma performance clássica deve incluir cinco peças nô separadas por duas peças Kyogen. O palco nô tradicional deriva daquele da dança religiosa Shinto, a *kagura*. Apesar de nos tempos modernos ser construída em ambientes fechados, ela mantém sua configuração original ao ar livre, um pavilhão aberto em direção à plateia, no qual os atores entram sobre uma ponte para a área dos bastidores. A forma é altamente estilizada, com máscaras, figurino elaborado e um cenário simples, composto por apenas um pinheiro, uma pequena orquestra e um único narrador cantor.

Europa medieval

Durante a dinastia Song, enquanto o teatro de fantoches e a ópera se estabeleciam como as principais formas na China e o teatro nô evoluía no Japão, as primeiras obras dramáticas pós--clássicas que se conhecem estavam sendo criadas na Europa. Surpreendentemente, devido à oposição do cristianismo ao último teatro clássico, estas se desenvolveram no interior da então predominante cultura católica. Em meados do século X uma freira alemã, Rosvita de Gandersheim, escreveu seis peças baseadas em Terêncio dedicadas a assuntos religiosos didáticos, assim como o teatro de sombras budista de seus contemporâneos chineses. Nesse mesmo período, algumas partes dos rituais da Igreja passaram a ser transformados em breves peças religiosas, e um documento importante da Inglaterra, a *Regularis Concordia*, escrito aproximadamente em 970, dava instruções detalhadas para a performance de tais acontecimentos dramáticos no interior da Igreja. No século seguinte, essas peças litúrgicas se espalharam pela maior parte da Europa, com a importante exceção da Espanha que era, então, território mulçumano. No entanto, mesmo lá o teatro não estava aparentemente ausente. Há registros de atuações de pessoas no mundo islâmico mesmo antes desas época, e o teatro de sombras, que segundo registros havia sido levado da China pelo Egito, alcançara a Espanha mulçumana, enquanto os dramas litúrgicos se espalhavam pelo Norte.

No início, as peças religiosas tinham suas performances realizadas no interior das catedrais e como parte da prática litúrgica; elas se expandiram pela Europa, muitas vezes para fora das igrejas. *O mistério de Adão*, criado por volta de 1150, conta com marcações de palco que demonstram que ele era encenado ao ar livre. Até o século XIII, não há registro de um drama secular na Europa medieval, embora haja muitos registros de performances itinerantes que podem ter apresentado contribuições dramáticas como as farsas simples. A cidade francesa de Arras se tornou a primeira localidade na Europa a produzir um drama secular significativo. O drama religioso *Le Jeu de Saint Nicolas*, de Jean Bodel, escrito em 1200, já contém elementos seculares relevantes, e mais tarde, no mesmo século, Adam de la Halle criou peças completamente seculares. A mais notável delas é de 1283, *Le Jeu de Robin et Marion*, que também introduziu a música ao teatro secular francês. Coincidentemente, ao mesmo tempo que Adam de la Halle realizava importantes inovações no teatro europeu em Aras, Ibn Daniyal, seu contemporâneo no Cairo, produzia as obras mais significativas e inovadoras no já há muito estabelecido teatro de sombras árabe, três peças que desafiam ou superam aquelas de Bodel em termos de sofisticação literária.

Em 1311, o estabelecimento do festival de Corpus Christi, celebrando a transubstanciação, trouxe um novo ímpeto relevante para o desenvolvimento do drama, sobretudo na Inglaterra. Em pouco tempo, tornou-se costume das guildas inglesas (associações de artesãos) apresentar uma série de peças baseadas em temas bíblicos nessa ocasião, pois o clero havia sido proibido de realizar performances em palco público por um édito papal de 1210. Os registros demonstram a encenação regular de grupos de peças, chamados ciclos, em várias cidades britânicas por volta de 1370. No século seguinte, eles se expandiriam por toda a Inglaterra e a Europa, se tornando importantes eventos civis que duravam muitos dias e com frequência abordavam toda a história cristã do mundo, da criação ao Juízo Final.

Essas obras épicas eram encenadas em diferentes espaços em distintos países, mas todas eram ao ar livre. Algumas vezes eram apresentadas em plataformas dispostas em volta das praças das cidades, como em Lucerna, na Suíça; outras vezes um corredor de pequenos palcos era perfilado atrás de uma área de atuação neutra, como em Valenciennes, na França. A organização mais bem documentada eram os vagões itinerantes, utilizados na Espanha e na Inglaterra cristãs. Cada peça era realizada em um vagão, similar a um carro alegórico moderno, e os vagões eram levados a diferentes locais na cidade ou eram usados em sequência em um ponto de encontro específico. Quatro ciclos completos, ou quase completos, e parte de outros, da Inglaterra, sobreviveram ao tempo; foram desenvolvidos em meados do século XIV e com montagens regulares até os anos 1570, quando foram banidos por conta de sua antiga associação à Igreja Católica pela rainha Elizabeth protestante.

Teatro renascentista na Itália

Enquanto os dramas religiosos estavam florescendo no Norte da Europa no século XV, a redescoberta dos ensinamentos clássicos chamada Renascimento tomava lugar nas cortes italianas. Isso teve importantes implicações para o teatro, tanto para o drama quanto para o palco. No drama, começou com a redescoberta da teoria clássica, sobretudo de Aristóteles, cujos escritos, interpretados de diferentes maneiras, se tornaram os pilares da teoria dramática ocidental desde então. A partir de leituras de Aristóteles e em alguma medida de Horácio, os teóricos da Itália renascentista e mais tarde os franceses construíram a teoria do neoclassicismo, que dominou o teatro ocidental até o início do século XIX. Essa teoria insistia em uma separação rígida entre comédia e tragédia (embora mesmo durante o Renascimento alguns escritores

– o mais notável deles Guarini – defendessem dramas de tons mistos, que ele chamava de tragicomédias) em: tom, personagens, assunto e arco de ação. Não menos relevantes eram as chamadas três unidades – de tempo, espaço e ação – que significavam que uma trama deveria, de forma ideal, acontecer em um único local dentro de 24 horas e não deveria envolver quaisquer ações secundárias. Os autores de drama da Itália renascentista seguiram essas instruções, e os modelos dos recém-redescobertos autores clássicos de dramas para construir suas próprias comédias e tragédias, mas de fato pouco do que produziram perdurou. Seus sucessores franceses fizeram um trabalho muito melhor, produzindo, à altura do neoclassicismo no século XVII, seus três maiores autores de dramas: Corneille, Molière e Racine.

Um resultado bastante diferente na tentativa de recriar o teatro clássico foi a invenção da ópera, cujo primeiro exemplo foi *Dafne*, criada por Jacopo Peri em Florença por volta de 1597. Ela se baseava na hipótese de que o teatro clássico era ao mesmo tempo musical e uma forma dramática, com atores cantores e coro. Ainda que estivesse longe da prática grega real, o gosto pela ópera rapidamente se difundiu, em especial nas cortes e entre a aristocracia europeia dos séculos XVII e XVIII. No Ocidente, tradicionalmente (em alguma medida de modo arbitrário) a ópera tem sido considerada como um gênero distinto do teatro em si; assim, ainda que com relutância, não vou seguir seu desenvolvimento e contribuições nesta obra.

Europa do século XVI

O impacto do Renascimento sobre o conceito de teatro físico também foi revolucionário, mas sobretudo o foi de fato com relação à prática clássica real. Mais relevante é o dado de que o teatro do Renascimento italiano criado para as cortes renascentistas era, desde o início, e antes de tudo, uma atividade íntima, em lugares fechados, muito diferente das grandiosas e democráticas performances clássicas ao ar livre. O primeiro teatro permanente do Renascimento, o Teatro Olympico, construído em 1585, tentou recriar um pequeno palco romano e um auditório com um prédio anexo, mas não lembrava muito o modelo. Teatros posteriores desenvolveram o plano familiar, ainda às vezes chamado de palco italiano, que tradicionalmente envolve um interior, um espaço retangular divido entre espaço da plateia e o da atuação (em essência, o mesmo que o tradicional teatro sânscrito), e o palco elevado contornado por um arco de proscênio (utilizado pela primeira vez em 1618 no Teatro Farnese em Parma, Itália). O uso da perspectiva na cenografia, derivado do grande interesse nessa técnica por parte dos artistas do Renascimento, está muito relacionado ao desenvolvimento desse novo teatro em ambientes fechados. A produção da primeira nova comédia de Ariosto, *Cassario*, em 1508, utilizou a perspectiva na cenografia. A perspectiva com um ponto de fuga permaneceu como o modelo básico para teatros de proscênio na Europa até 1700, aproximadamente, quando Fernando Galli-Bibiena, vinculado a duas das mais conhecidas famílias de desenhistas, introduziu múltiplas perspectivas. Um século mais tarde, o Romantismo introduziu organizações de palco mais complexas e dimensionais, mas o estilo de organização básico do proscênio permaneceu e até hoje é a forma arquitetônica mais comum do teatro ocidental; no período da colonização europeia, ele foi difundido pelas potências coloniais europeias a outras culturas de teatro pelo mundo, ficando conhecido como palco "ocidental" ou palco "moderno".

O século XVI também viu a ascensão, na Itália, de uma importante forma teatral não literária, a *commedia dell'arte*, cujo primeiro registro é de 1551. Essa forma teatral, talvez com uma vaga relação com as mímicas clássicas tardias, continha personagens-modelo – o comerciante mesquinho, os jovens amantes, o soldado fanfarrão, o pedante – e criou tramas cômicas improvisadas temperadas com breve rotinas fisicamente cômicas, as *lazzi*. Nos dois séculos seguintes, as companhias de comédia viajaram por boa parte da Europa e exerceram grande influência tanto nas artes visuais quanto no drama cômico europeu.

Embora o neoclassicismo, por fim, tenha tido uma forte influência na escrita de dramas e na encenação por toda a Europa, sua influência nunca foi tão grande na Espanha e na Inglaterra como havia sido na Itália e na França. No fim do século XVI, esses países desenvolveram importantes teatros que eram consideravelmente distintos do modelo neoclássico. Na Inglaterra, a rainha Elizabeth baniu os ainda populares dramas religiosos medievais em 1568, mas ela gostava e incentivava o drama secular, e durante seu reinado a Inglaterra produziu alguns dos mais considerados autores de dramas. Pequenos entretenimentos dramáticos, chamados de interlúdios, haviam sido populares na corte durante a infância de Elizabeth, e no início e em meados do século XVI outras formas seculares se desenvolveram: alegorias políticas, peças de história, até algumas poucas imitações de comédia e tragédia clássica.

Contudo, a linha principal do drama inglês não seguiu o modelo clássico, mas criou obras que desafiavam as unidades, e apesar de, em geral, manterem as divisões tradicionais entre comédia e tragédia, introduziram elementos de uma na outra e criaram obras que não poderiam ser propriamente consideradas nem um gênero, nem outro. O mais destacado exemplo de dramas como esse foi, é claro, a obra de Shakespeare, mas um notável grupo de outros autores importantes estava à sua volta, liderados por Christopher Marlowe, Ben Jonson e John Webster. Em Londres houve uma cultura teatral próspera por quase toda a segunda metade do século, mas só passou a existir um público permanente no teatro a partir de 1576, e quase todos os seus mais relevantes dramas foram criados no curto período compreendido entre 1590 e 1615. Os teatros públicos, em geral, eram tão diferentes daqueles na França e na Itália como o eram as peças. Ainda que houvesse poucos edifícios de teatro mais parecidos com o estilo continental, como o Blackfriars,[1] construído em 1599, a maior parte deles eram estruturas ao ar livre, moldadas sobre áreas de hospedarias que eram utilizadas por atores antes de os primeiros teatros serem construídos. Esses prédios eram de três andares, cercando uma área central aberta na qual o palco era projetado, assim a plateia poderia ficar nos três lados do palco.

Um palco de algum modo similar, o *corrale*, foi criado na Espanha no mesmo período, baseado em pátios abertos cercados por prédios. O desenvolvimento do teatro espanhol seguiu uma trajetória similar à do inglês: primeiro peças seculares no início dos anos 1500; depois a formação de um teatro profissional em meados do século e uma geração de mestres na arte do drama na virada do século seguinte, tendo à frente nomes como Lope de Vega, Calderón e Tirso de Molina. Diferente da Inglaterra protestante, contudo, a Espanha católica conservou e desenvolveu a tradição do drama religioso medieval, e seus principais autores escreveram tanto dramas seculares quanto peças religiosas, chamadas de autos sacramentais.

A colonização do Novo Mundo pela Espanha significou que esse século também viu a exportação do teatro de estilo europeu para aquele mundo. Pouco depois de Cortés conquistar o México, os frades franciscanos chegaram para converter

---

1 Importante teatro privado de Londres construído em 1596 na área de um antigo monastério na margem norte do rio Tâmisa. A companhia *The King's men* [Os homens do rei], que tinha como uma das principais figuras William Shakespeare, ocupou esse teatro de 1608 até 1629, apresentando ali suas peças. (N. T.)

o povo asteca. O drama religioso no modelo espanhol era um de seus principais instrumentos, embora eles achassem que já existia uma rica cultura de performance no Novo Mundo. Certas partes dessa cultura estavam em consonância com a ideia europeia de teatro, e os defensores europeus da sofisticação dos habitantes do Novo Mundo às vezes mencionavam seus dons teatrais dentre suas qualidades. As complexas mesclas culturais de dança, ritual, representação teatral e cerimônias públicas excediam em muito a capacidade de serem descritas pelo conceito europeu de teatro. De fato, tais atividades ainda hoje são uma questão para os historiadores do teatro, apesar de as estratégias de estudos de performances terem fornecido novos instrumentos analíticos importantes.

Da mesma forma que outros elementos culturais, seculares e religiosos, o teatro que se desenvolveu no início da conquista foi, na verdade, um teatro mestiço, misturando elementos dos povos originários e espanhóis. Com o passar do tempo, contudo, assim como em outras partes do mundo colonizado, o modelo europeu passou a ser visto como a forma-padrão de teatro como uma expressão cultural.

O século XVII no Japão e na Europa

Os primeiros anos do século XVII, quando os dramas espanhol e inglês estavam em seu auge, também viram a aparição de uma das mais conhecidas formas teatrais asiáticas, o kabuki, no Japão. Essa nova forma de dança dramática teve sua primeira performance em 1603, feita por uma artista mulher, e permaneceu exclusivamente feminina até 1629, quando foi banida por ser considerada imoral. Depois de uma tentativa breve e sem sucesso com atores meninos, na metade do século o kabuki se tornara uma forma de homens adultos interpretando ambos os gêneros, e assim permaneceu desde então. A época de maior florescimento do kabuki foi no fim do século XVII, mas ele ainda é uma parte significativa do teatro japonês, ao passo que o nô é uma forma muito respeitada, mas apresentada com uma frequência muito menor.

A terceira grande forma teatral japonesa surgiu no final do século, em 1684, quando Chikamatsu Monzaemon, autor de peças kabuki, em colaboração com o narrador Takemoto Gidayu, criaram um novo estilo de teatro de fantoches que ficou conhecido como bunraku. A partir de então, Chikamatsu escreveu sobretudo para o bunraku, criando as primeiras peças sérias no Japão que tratavam da classe dos mercadores. Em geral, ele é considerado o maior escritor de peças do Japão, apesar de o auge do bunraku ter ocorrido durante a primeira metade do século seguinte. Os fantoches ficaram maiores e mais elaborados, até que em 1734 cada um deles media aproximadamente dois terços do tamanho de uma pessoa real e era manipulado por três ventríloquos que carregavam a figura pelo palco. A essa altura, o teatro bunraku ofuscou o kabuki, mas as duas formas trocaram entre si os efeitos e as histórias de cada uma, tanto naquela época quanto depois.

Durante os séculos XVII e XVIII, a cultura francesa, incluindo o teatro, estabeleceu o estilo para boa parte da Europa. Por todo o continente, os autores de peças teatrais tinham Molière e Racine como modelos, da mesma maneira que ocorrera com Terêncio e Sêneca durante o Renascimento. Até o teatro inglês, há muito resistente com a influência continental, compartilhou essa orientação, sobretudo depois de 1660. O trinfo puritano na Guerra Civil vinte anos antes pusera fim, ao menos de modo temporário, à monarquia, e havia fechado os teatros oficialmente. Várias das principais figuras fiéis à realeza fugiram para a França, e quando o rei e o teatro foram restabelecidos, em 1660, boa cota de influência francesa estava presente. O drama inglês de fins do século XVII, dominado pela Comédia de Restauração não conformista, demonstra essa influência, mas isso fica ainda mais evidente na produção das peças. Pela primeira vez, as mulheres estavam presentes no palco inglês, e os teatros a céu aberto do tempo de Shakespeare não foram reproduzidos: o teatro agora estava mudando definitivamente para locais fechados à maneira continental.

A Europa do século XVIII

Apesar de o século XVIII na Europa não ter produzido autores da estatura de Shakespeare, Racine ou Calderón, o interesse no teatro aumentou no continente e houve importantes contribuições a ele. Na Itália, Carlo Goldoni construiu um moderno drama literário italiano a partir das tradições da *commedia dell'arte*. Na Dinamarca, as comédias de Ludvig Holberg ajudaram a fundar as bases para o teatro moderno na Escandinávia. Na Alemanha, Caroline Neuber fundou uma companhia dedicada a estabelecer um teatro literário alemão em vez das farsas rudimentares que haviam dominado o palco alemão anteriormente. Os dispersos estados alemães lutavam para estabelecer um teatro alemão significativo, projeto por fim realizado por Goethe e Schiller em Weimar no fim do século XVII, o qual também assistiu ao teatro de estilo europeu se estabelecer em dois novos continentes: na Austrália, na formação cultural dos prisioneiros britânicos que haviam sido deportados para lá; e, de maneira mais apropriada, nas colônias britânicas na América do Norte, criando um novo teatro mundial a partir do modelo britânico.

Outro desenvolvimento do fim do século XVIII foi um aumento no interesse em mudar o assunto do teatro sério, passando dos reis e heróis do passado para assuntos das classes médias. George Lillo antecipou essa tendência com *The London Merchant* [O mercador londrino], de 1731, que inspirou o alemão Gotthold Lessing, em meados do século, tanto como teórico quanto como autor de dramas. Na França, importantes autores como Voltaire, Beaumarchais e, especialmente, Diderot produziram exemplos dessa nova forma, que eles chamariam de *drame*. Nenhum desses inovadores europeus jamais saberia que, do outro lado do globo, seu contemporâneo japonês Chikamatsu estava comprometido com uma mudança similar com relação ao assunto no teatro, mas o ímpeto era essencialmente o mesmo: o declínio do antigo sistema controlado por guerreiros e reis e o surgimento da burguesia na sociedade em geral e no teatro em particular.

A Europa e a Ásia do século XIX

O surgimento do Romantismo na Europa no teatro de início do século XIX de fato encerrou o sistema neoclássico anteriormente predominante. Ele não trouxe mudanças importantes na arquitetura do teatro, porém afetou de maneira profunda quase todos os outros aspectos da arte. A atuação, a cenografia e a escrita de peças se tornaram mais "realistas", mas no geral era um realismo mais extravagante e emocional contra o qual os "realistas" de fins do século XIX iriam reagir. Os dramaturgos procuravam situações de extrema emoção, em especial no melodrama, uma forma bastante popular desenvolvida nessa época. Os atores saíram do comedimento neoclássico e se especializaram em cenas de loucura e frenesi. Os cenógrafos deixaram de lado os interiores simples e clássicos de Racine e foram para a natureza, apresentando vulcões em erupção e outros fenômenos espetaculares.

Durante a era romântica, a Europa também assistiu ao surgimento do racionalismo moderno, ao qual o teatro trouxe uma grande contribuição. Assim como as comunidades linguísticas e culturais subordinadas na Europa, desde a Albânia até a Noruega, procuravam estabelecer sua identidade cultural em bases sólidas e em muitos casos isso se relacionava com fundar Estados independentes, a criação do teatro dedicado a suas línguas e história era, em geral, parte central do projeto. Como o colonialismo europeu se difundiu pelo mundo, ele levou consigo não apenas um conceito ocidental do teatro, mas também aquele do teatro como uma expressão da cultura nacional, uma ideia que teve seguimento conforme as antigas colônias lutavam por independência. Isso trouxe como resultado o fato de se poder encontrar teatros nacionais fundados sobre o modelo europeu por todo o mundo hoje.

No mundo inteiro, países com pouca tradição teatral no sentido europeu começaram a criar tais teatros em geral mesclando métodos e peças europeias com práticas e materiais dos povos originários para criar uma grande variedade de formas híbridas que podem ser encontradas hoje. Importantes dramaturgos como Derek Walcott em Trinidad, Ola Rotimi e Wole Soyinka na Nigéria, e Sa'dallah Wannous na Síria são exemplos notáveis desse processo.

Mesmo os teatros com séculos de existência na Ásia não eram isentos dessa influência. Em meados do século XIX, ricos cidadãos de Calcutá começaram a criar teatros privados, no modelo britânico, e a escrever peças no estilo ocidental. Rabindranath Tagore, vencedor do prêmio Nobel de literatura em 1913, é o exemplo mais conhecido dessa tradição. A abertura forçada do Japão para o Ocidente por Perry, em 1850, envolveu tanto o comércio quanto a cultura. Nos anos 1880 se desenvolveu o *shinpa*, um teatro híbrido oriental-ocidental com algo que se assemelhava ao melodrama ocidental, mas com distintos elementos kabuki. Uma década depois, Shoyo Tsubouchi introduziu o *shingeki* (novo teatro), derivado diretamente de modelos ocidentais, especialmente Shakespeare. No início do novo século, esses modelos teatrais do Ocidente foram exportados para a Coreia e a China, onde mais uma vez se tornaram a base do teatro moderno no extremo Oriente.

Em meados do século XIX, na Europa, o exuberante drama romântico abriu passo para um drama mais realista e menos exuberante da vida cotidiana, como se pode ver nas chamadas peças *cup-and-saucer*[2] de Thomas Robertson nos anos 1860 na Inglaterra. O realismo doméstico foi levado a novos níveis de profundidade nos anos 1880 com a obra de Henrik Ibsen, que em geral é reconhecido como aquele que iniciou o teatro moderno no Ocidente. Graças à influência global do Ocidente, Ibsen era conhecido em lugares tão distantes como o Japão, nos anos 1890, e suas peças eram representadas em todo o mundo no início do século XX. Elas ajudaram a consolidar o drama de classe média, com performance em estilo realista num ambiente doméstico, como o padrão ocidental da forma teatro, o que de fato permanece ainda hoje, sobretudo nos Estados Unidos.

---

2 Peças que retratavam com grande realismo situações e ações domésticas, cujo cenário eram as salas de vestir das classes altas da Inglaterra. Esse estilo teve grande influência no desenvolvimento posterior do teatro inglês. (N. T.)

O século XX

Muitos dos principais dramaturgos de peças ocidentais do século seguinte, dentre os quais Anton Tchekhov, Bernard Shaw e Arthur Miller, trabalharam nessa forma. Apesar de sua predominância, o realismo ibseniano foi quase imediatamente contraposto por formas não realistas, sendo que na Europa as mais importantes foram: o simbolismo na virada do século; o expressionismo durante e depois da Primeira Guerra Mundial, ambos em parte inspirados pelas obras de relevantes contemporâneos de Ibsen, como August Strindberg na Suécia, o teatro épico de Bertolt Brecht, e o teatro do absurdo liderado pelos franceses Eugène Ionesco e Samuel Beckett. Outra força significativa contrária ao realismo ocidental foi a procura por formas teatrais de povos originários nas colônias europeias para mesclar ou se contrapor a esse estilo europeu dominante.

Cada uma dessas contraposições ao realismo trouxe consigo configurações de palco que partiam precisamente das salas de estar realistas de Ibsen, mas o próprio palco ibseniano passou por mudanças radicais no século XX, com o surgimento do diretor. Pelo menos desde Max Reinhardt, no início do século XX, diretores modernos experimentaram muito com as interpretações e estilos visuais de suas peças (exceto na Inglaterra e nos Estados Unidos), de modo que a figura dominante no teatro moderno europeu já não era mais o ator ou o dramaturgo da peça, e sim o diretor.

Além do mais, em fins do século XX, à medida que o teatro se tornava internacional, importantes diretores como Peter Brook, Robert Wilson, Ong Keng Sen, Peter Stein, Giorgio Strehler e Tadashi Suzuki se tornavam tão conhecidos ao redor do mundo quanto o eram em seus países. Contudo, eles não desenvolveram um estilo internacional, cada um refletindo a hibridez do mundo moderno do teatro por meio da combinação de materiais locais e globais de forma única. Todos, por exemplo, representaram importantes obras de Shakespeare, mas com estilos tão completamente diferentes entre si que qualquer espectador um pouco informado poderia distingui-los sem dificuldades.

Os atores e as companhias viajaram pelos séculos, mas apenas no fim do século XX, graças aos ininterruptos avanços da comunicação e de deslocamento tanto para a plateia quanto para os atores, o teatro se tornou realmente internacional. Esse internacionalismo e hibridez vão desde os grandes festivais internacionais, como o de Avignon e o de Edimburgo, que apresentaram artistas de teatro de todo o mundo, até a obra de algumas companhias como a de Peter Brook, cujo Centro Internacional para Pesquisa em Teatro reúne atores de múltiplas tradições – que não compartilham nem língua comum, nem preparação, nem um conceito de teatro – para criar obras em um estilo novo e quiçá mais global.

Teatro e vida

Apesar da enorme variedade de estilos de produção e abordagens visuais do teatro moderno, a maior parte dele ainda acontece em alguma variação do tradicional palco de proscênio europeu. No entanto, muitas alternativas a esse estilo de palco se desenvolveram recentemente. Diretores do início do século XX, sobretudo na Rússia e na Alemanha, experimentaram diferentes organizações entre ator-plateia, levando a teatros de arena, palcos de proscênio que se projetam em direção à plateia, e à mescla de espaços ator-plateia, utilizada na Polônia por Jerzy Grotowski e apelidada de "teatro ambiental" por Richard Schechner. Nikolai Evreinov, na Rússia revolucionária, visionariamente defendeu ofuscar as barreiras entre o teatro e a vida em sua reconstrução da tomada do Palácio de Inverno em sua localização real, antecipando com isso a reencenação do combate e os experimentos teatrais *in situ* de fins do século XX; ambos questionavam o conceito tradicional de teatro e seu conceito tradicional de espaço. A frase inicial geralmente citada do livro de Peter Brook, O *espaço vazio*, resume essa nova atitude: "Eu posso tomar qualquer espaço vazio e chamá-lo de um palco nu".

Performances *in situ* ainda separavam plateia e performance de uma maneira um tanto tradicional e, embora o teatro ambiental tenha acabado com essa organização formal, ele ainda mantém a plateia e os atores em espaços consideravelmente distintos. Essa distinção espacial começou a se dissolver com apresentações itinerantes na Inglaterra e em outros lugares, nas quais a plateia não tinha um espaço fixo, mas precisava se movimentar para assistir à performance. Outro passo na dissolução dessas fronteiras tradicionais aconteceu no século XXI com o surgimento do que se tornou muito conhecido na Inglaterra e nos Estados Unidos como teatro imersivo, em que os atores e a plateia compartilham o mesmo espaço e objetos. Em versões mais radicais dessa forma, as plateias são incentivadas a interagir com os atores e até mesmo a cocriar a performance com eles.

Esse ofuscamento entre arte e vida começou a aparecer de modo um tanto distinto no fim do século, quando os artistas começaram a aplicar ao teatro estratégias de "enlatados". Assim como Marcel Duchamp transformou um mictório em um objeto de arte ao assiná-lo e expô-lo, os artistas apresentam a vida real como "teatro" instando a plateia a vê-la como tal. Esse "enquadramento" teatral poderia ser literal, como quando Robert Whitman, em 1967, se sentou na plateia em um galpão com uma grande porta aberta e abriu as cortinas, revelando a atividade na rua como "teatro". Ou, de forma mais corrente, poderia ser simplesmente situacional, como quando Reza Abdoh misturou atores e cenas de rua em um bairro que empacotava carnes em 1990, ou quando o teatro Foundry criou mesclas similares em 2009 para uma plateia que passeava, em um ônibus fretado, pelo sul do Bronx em Nova York; ou em uma variedade de produções da companhia Rimini Protokoll, de Berlim, que enviou membros da plateia em tais ambientes mistos sendo guiados por telefones celulares. No começo do século XX, Evreinov instava as plateias a verem o mundo como um teatro. Um século depois, uma parte importante do trabalho experimental está engajada em testar esse projeto.

Enquanto Peter Brook tirava o teatro de sua arquitetura tradicional, na Europa e na Ásia, e afirmava que qualquer "espaço vazio" poderia ser considerado como um teatro, simplesmente chamando-o de palco, esse trabalho experimental dá um passo além, ao tomar espaços que não estão vazios, que estão cheios de atividade humana, transformando-os em um teatro apenas por chamá-lo assim. Isso não é simplesmente uma continuação da ideia de Brook, mas representa uma mudança na própria arte. Para Brook, o espaço vazio de fato se torna teatro quando ele como um artista cria uma obra teatral nesse espaço. Para Evreinov e Rimini Protokoll, qualquer espaço, esteja vazio ou não, pode ser tornar um teatro se a plateia puder ser convencida a experienciá-lo como tal. Se nos mantivermos no ponto de vista tradicional, a partir do artista, a questão "O que é o teatro?" pode ser respondida ao considerar, como a maior parte dos escritos tem feito, as diferentes hipóteses artísticas e sociais dentro das quais os artistas de teatro criaram sua obra. Se, por outro lado, focamos na recepção, a resposta para "O que é o teatro?" muda e se torna aquilo que uma plateia pode ser convencida a ver como teatro. O surgimento de estudos da performance, que será discutido adiante, ao dar atenção aos elementos teatrais da vida cotidiana, trouxe ímpetos mais profundos para essa expansão da consciência teatral. O teatro não é mais uma forma isolada de arte, confinada em um edifício específico, cuja performance é realizada por um grupo determinado de pessoas em um estilo determinado seguindo regras determinadas. Ele se tornou inextricavelmente entrelaçado com a atividade social humana em geral.

Capítulo 2
Religião e teatro

É bastante difícil encontrar uma religião no mundo que não tenha estreitas conexões com o teatro. Em geral, no Ocidente considera-se haver uma relação muito próxima entre eles, embora sejam atividades humanas distintas, ambos envolvendo repetição de palavras e ações de forma consciente, mas uma de maneira sagrada, em comunicação direta com o divino, e outra secular, tradicionalmente com a encenação de narrativas. A partir dessa distinção, surgiu um interminável, e basicamente fútil, debate sobre qual dos dois veio primeiro. Nos tempos modernos, graças à influência de um grupo de classicistas ingleses do início do século XX chamados ritualistas de Cambridge, a opinião geral no Ocidente é a de que os rituais de observância vieram primeiro e que o teatro se desenvolveu apenas mais tarde, quando as formas permaneceram depois da perda da fé. O teatro, de fato, era visto como um ritual de morte. Essa distinção é ainda sustentada no Ocidente, embora o surgimento de pesquisas sobre performance tenha posto o ritual e o teatro como objetos de estudo paralelo. Em outras épocas, e mesmo em diferentes partes do mundo, essa divisão ocidental moderna é quase inexistente.

Dada a enorme complexidade e possível variação tanto do teatro quanto da religião, ambos por sua vez divididos em incontáveis variedades de formas, qualquer tentativa de uma visão geral sobre as relações entre eles seria uma tarefa praticamente impossível, mas vamos tentar expor alguns padrões e contraposições gerais, além de sugerir algumas das implicações históricas e geográficas de tal relação. Sem dúvida, o melhor será começar com o teatro do Ocidente, uma vez que essa tradição é, provavelmente, mais familiar para os leitores deste livro. O ponto mais importante a se notar sobre o teatro e a religião no Ocidente é que todas as três grandes religiões ocidentais – judaísmo, cristianismo e islamismo – têm uma raiz comum na crença em um único Deus e uma lei fundacional religiosa comum, estabelecida pelos cinco livros da Bíblia, às vezes chamados de livros de Moisés. Isso tem um efeito profundo na relação do teatro e da religião no Ocidente. A condenação de imagens, fundamentais para as leis de Moisés, incentivou uma profunda dúvida com relação a qualquer forma de *mimesis*, sobretudo aquela que envolve o corpo. Essa dúvida da *mimesis* está filosoficamente próxima àquela de Platão, que também via tais atividades como desviantes do bem essencial e comum. Em geral, diz-se que o Islã nunca desenvolveu o teatro porque Maomé condenava as representações com o corpo humano. Embora isso não seja de fato verdade, é certo que entre os pesquisadores islâmicos, judeus e cristãos mais conservadores o teatro sempre foi visto com uma profunda desconfiança e em geral foi condenado. Comumente essas condenações também estavam vinculadas à conexão do teatro com o corpo, logo com os pecados do corpo, sobretudo os sexuais, mas, de um ponto de vista filosófico, o meio da duplicação mimética é mais fundamental.

O início do cristianismo e o teatro

De fato, em cada uma dessas religiões há uma tradição substantiva, especificamente, do drama religioso bem antes dos tempos modernos. De forma surpreendente, o primeiro drama bíblico conhecido, tendo sido preservados apenas alguns fragmentos dele, foi do autor de dramas judeus Ezequiel, que criou uma tragédia em grego sobre Moisés no século II a.C. No período helênico e depois no Império Romano, como o teatro se tornou mais relacionado com uma dominação opressiva, mais decadente e mais dedicada à supressão de minorias religiosas como os cristãos e os judeus, os pais de ambas as religiões condenavam-no e a suas obras, considerando-os como criações do demônio.

Ironicamente, na baixa Idade Média, quando uma tradição literária do teatro reemergiu na Europa, isso ocorreu no interior da Igreja Católica, na qual partes da liturgia passaram a ser encenadas em ocasiões especiais, criando uma atmosfera em que se desenvolveu uma fascinante variedade do teatro. A mais antiga dessas encenações da qual se tem notícia é a *Quem Quaeritis*, c.925, uma pequena peça sobre a Ressurreição. A primeira autora de dramas que se conhece foi uma freira alemã, Hrosvitha, que criou seis peças religiosas, no fim do século, tendo como modelo Terêncio. No século seguinte, o teatro baseado na liturgia se difundiu por boa parte da Europa, com exceção da Espanha, em que havia forte presença mulçumana. No início, as performances ocorriam dentro das igrejas e monastérios e eram realizadas por padres e monges. Durante o século XII, as peças passaram ao espaço público e se tornaram produções maiores envolvendo comunidades inteiras, mas mantendo os temas bíblicos. Na Inglaterra, a performance de grupos de tais peças, chamadas mistérios, era realizada em séries denominadas ciclos, e no fim do século XV as performances dos ciclos aconteciam em muitas partes da Europa em dias de festivais. Em alguns lugares, a performance do ciclo, que poderia abarcar apenas a vida de Jesus Cristo ou toda a história da Bíblia, era realizada em pequenos palcos diferentes, chamados *mansions*, ao redor de uma área central de exibição. Na Inglaterra, as apresentações de peças distintas eram realizadas em carros chamados *pageants*, que circulavam em sequência ao redor da cidade. Apesar de sua grande popularidade, os ciclos eram vistos pela rainha Elizabeth como estreitamente ligados ao catolicismo, e depois do rompimento da Igreja da Inglaterra com Roma, em 1534, esse tipo de drama religioso foi banido da Inglaterra (Figura 3).

Embora as peças de mistério sejam o mais conhecido e mais difundido drama religioso da baixa Idade Média, elas eram

Figura 3. Reconstrução moderna de uma performance medieval em Coventry, Inglaterra

suplementadas por outras formas populares de tais dramas, sendo os mais relevantes as peças de milagres ou de santos e as de moralidade. As peças de milagres não se baseavam na Bíblia, mas na vida e nas lendas dos santos e mártires cristãos. A maior parte dos exemplos desse gênero que foram preservados vem da França, tendo à frente *Jeu de Saint Nicolas* de Jean Bodel, de fim do século XII. As peças de moralidade se desenvolveram por volta de 1400 e continuaram a florescer até a metade do século seguinte. Elas não lidavam com personagens tradicionais, mas com qualidades abstratas tratadas de uma maneira dramática. *Everyman*, o drama medieval mais conhecido, é um famoso exemplo de tal tipo de obra.

Início do teatro judeu e islâmico

O teatro no interior da comunidade judaica medieval não se desenvolveu tão amplamente nem em muitas variedades, mas surgiu quase ao mesmo tempo que esta. O *Purimspiel*, uma performance popular baseada no livro de Ester, estava bem estabelecido no século XII, e no século XVI havia se tornado uma peça de Carnaval bastante difundida, cuja performance passou a ser realizada desde então. No século seguinte, assim como as peças de ciclo britânicas, ela inspirou outras similares sobre diversas histórias bíblicas, como a venda de José por seus irmãos, ou a vitória de Davi sobre Golias, de onde surgiu o primeiro significativo autor de dramas hebreu da Europa, Yehuda Sommo (Leone de'Sommi), de Mântua. De'Sommi era dramaturgo, ator, diretor e teórico do teatro e defendia que os judeus haviam inventado o drama, não os gregos, citando o livro de Jó como exemplo.

Apesar de os estudiosos do Ocidente considerarem o Islã como bastante hostil à performance teatral, existe de fato uma tradição de drama religioso há muito estabelecida dentro dele que abriga várias semelhanças marcantes com os dramas de ciclo da Europa. Esse é o Ta'zieh do Irã. Apresentações de dramas elegíacos musicais que lamentavam a morte de heróis eram realizadas na Pérsia antes da chegada do Islã no século VII, e considera-se que elas ajudaram a estabelecer as bases de trabalho para o Ta'zieh, um dos mais importantes dramas religiosos do mundo. As origens da forma islâmica remontam ao século X, mas somente com a substituição do antes dominante islamismo sunita pelo xiismo, em inícios do século XVI, é que o Ta'zieh, muito relacionado ao xiismo, pôde florescer. Essas duas variedades do Islã remontam praticamente às origens da fé e nascem de um cisma em torno da questão da sucessão depois da morte de Maomé. Nos primeiros cinco anos após o cisma, o líder xiita Hussein foi morto na batalha de Kerbala, e sua morte se tornou um dia central para a lamentação dos mulçumanos xiitas desde então. À medida que essas celebrações de lamentação se tornaram mais elaboradas, elas gradualmente evoluíram para uma série de pequenas peças que demonstravam os acontecimentos em torno da batalha final e de materiais de toda sorte a ela relacionadas. Eram apresentadas em ciclos de dramas muito similares em estrutura às peças de ciclo da Inglaterra, mas tendo o martírio de Hussein no centro, em vez da paixão de Cristo. Ainda que o grande florescimento do Ta'zieh tenha ocorrido no século XVIII, sua performance ainda é realizada em comunidades xiitas ao redor do mundo.

Os primeiros teatros hindu e budista

Assim, vemos que mesmo com uma profunda desconfiança por parte de elementos conservadores das religiões monoteístas do Ocidente com relação ao teatro como uma arte mimética, todas desenvolveram tradições teatrais significativas, ligadas estreitamente a celebrações e cerimônias. Em termos gerais, a performance não ocidental esteve vinculada à prática religiosa desde seus primeiros passos, e as tensões encontradas no cristianismo, islamismo e judaísmo, de fato, não têm paralelos no mundo não ocidental. No Oriente, assim como no Ocidente, os primeiros registros do teatro são encontrados nas práticas religiosas, nesse caso no subcontinente da Índia, onde desde o início o teatro estava inter-relacionado com as duas principais religiões do subcontinente no início da era cristã, o hinduísmo e o budismo. O budismo aparece no século VI a.C., baseado nos ensinamentos de seu fundador, Sidarta Gautama. O hinduísmo, apesar de suas raízes remontarem a uma época muito mais distante, se desenvolveu cinco séculos depois disso, quando o budismo entrou em declínio. Nesse século, pouco antes e depois da fundação do cristianismo no Ocidente, ambas as religiões desenvolveram importantes tradições dramáticas em uma língua comum, o sânscrito.

A mitologia hindu proporciona uma justificativa mais proeminente para o teatro que qualquer outra das grandes religiões do mundo. Após a criação dos quatro Vedas, os textos fundacionais para a religião e cultura hindu, diz-se que

Indra, o rei dos deuses, se aproximou de Brahma, o criador, e pediu um entretenimento para tornar a existência dos deuses e dos seres humanos mais alegre. Então, Brahma tomou elementos de cada um dos quatro Vedas – dança, música, imitação e paixão – e os combinou para fazer um quinto, o teatro. O arquiteto celestial Vishwakarma foi convocado para a construção de um palco celestial e o sábio Bharata foi indicado como o condutor dessas performances celestiais. Bharata, uma figura metade mitológica, é considerado o criador do primeiro grande tratado da dramaturgia indiana, o *Natyasastra*. A data de sua composição ainda está em aberto, mas provavelmente foi escrito depois de 140 a.C., quando Patañjali, um mestre da yoga hindu, criou o *Mahābhāsya*, um dos grandes clássicos da gramática sânscrita, que contém as mais antigas referências do drama na Índia e na Ásia das quais se tem notícia.

Apesar de o drama indiano clássico estar muito mais relacionado com o sânscrito, os mais antigos, os *sanvâdas*, na verdade foram escritos em prâkrit, a língua das classes mais baixas, uma forma tão estreitamente relacionada com o teatro nos séculos I e II a.C. e d.C. que muitos de seus diálogos costumam ser caracterizados como os "dramáticos prâkrits". Eles são provenientes da mesma base mitológica do drama sânscrito posterior, as histórias do *Mahabharata* e do *Ramayana*,[1] cuja

---

[1] Dois dos maiores clássicos épicos da Índia, referência em termos religiosos e filosóficos do hinduísmo e com grande influência no desenvolvimento literário da poesia sânscrita. (N. T.)

relação com esses dramas era muito similar à das peças de mistério da Idade Média ocidental com a Bíblia. De fato, os primeiros desses *sanvâdas* supostamente apresentavam Krishna ou Shiva atuando ou dançando em papéis principais e as narrativas vinham, em geral, da vida agitada dessas deidades. Mais tarde, à medida que o chamado teatro sânscrito se desenvolvia, utilizava-se, com frequência, uma mistura de línguas: deuses e nobres falavam sânscrito e os personagens das classes sociais mais baixas falavam prâkrit.

Apesar das raízes místicas do teatro no hinduísmo, os primeiros mestres dessa arte vieram tanto deste quanto do budismo. O poeta filósofo budista Aśvaghosa criou seu *Satiputra-prakana* no século I d.C., refletindo as preocupações budistas no interior dessa linguagem clássica e literária. Quase ao mesmo tempo, os primeiros importantes dramas hindus estavam sendo criados por Bhasa e pelo rei Sudraka. De todo modo, a tradição e os temas hindus dominavam essa forma que culminou no grande poeta Kalidasa que, acredita-se, foi um sacerdote brâmane em fins do século IV d.C. Sua obra mais conhecida, *Shakuntala*, como muitos dramas sânscritos, é baseada em uma história de um dos épicos hindus, nesse caso o *Mahabharata*.

A crescente dominação do islamismo na Índia a partir do século XI costuma ser mencionada como a razão do declínio ou mesmo do desaparecimento do teatro no subcontinente, mas, de fato, isso não é verdade nem para o teatro em geral nem para o teatro religioso em particular. Por um lado, o teatro hindu continuou no Sul da Índia, e alguns de seus elementos ainda estão presentes nas danças dramáticas daquela região. Por outro, ao contrário do que se vê em muito do pensamento ocidental, o Islã não foi de modo algum uma força negativa em termos do teatro. As peças de paixão islâmica da Pérsia se espalharam no subcontinente e ainda hoje performances delas são realizadas em comunidades islâmicas na região. Além disso, os dramas religiosos hindus, como a própria religião, se espalharam pelo Sudeste da Ásia, onde receberam um reforço surpreendente do Islã, sob a forma do trabalho de missionários sufis, um importante instrumento na difusão de seu conceito de islamismo para o Leste da Ásia e o Sul da África.

Os missionários sufis, como outros missionários em lugares e épocas distintas, utilizaram o teatro como um método de difundir conhecimento de sua fé a outros povos. Esse processo foi particularmente interessante no Sudeste Asiático, onde os missionários sufis tomaram dramatizações hindus do *Ramayana* e as retrabalharam com material islâmico. Essa tradição teve um desenvolvimento mais significativo no teatro de fantoches, como o indonésio *wayang*, que surgiu por volta do século X e apresentava histórias de épicos hindus. Assim, em muitas partes do Sudeste Asiático, o teatro foi introduzido como uma prática fundada na religião, mas combinando elementos hindus e islâmicos. Enquanto isso, na própria Índia, o *Ramayana* se tornava disponível para um público amplo no século XVII, inspirando a reencenação dramática na Ramila[2] por volta de

---

2 Ramila é a performance do épico *Ramayana* com música, diálogo, narração e recitais. (N. T.)

1625. Performances de variações dessas epopeias de vários dias são realizadas hoje não apenas na Índia, mas nas comunidades da diáspora hindu dispersas no mundo, sobretudo na África e no Sudeste Asiático.

Teatro budista na China e no Japão

Embora o budismo estivesse em declínio na terra em que surgiu mesmo antes da chegada do Islã, ele havia se difundido e estava florescendo em outros lugares, especialmente no Sudeste Asiático, onde sua influência sobre o desenvolvimento do teatro foi muito importante, e na China, que se tornou o principal lar dessa religião. Apesar disso, esse país nunca desenvolveu uma tradição teatral budista significativa. O teatro de influência budista apareceu pela primeira vez no Sudeste Asiático no que hoje é Myanmar e depois alcançou o que atualmente é a Tailândia. O mais antigo teatro de que se tem notícia nessa área, a *nora*, se desenvolveu durante o século XIV de uma mescla de elementos budistas e animistas locais. A primeira narrativa *nora* trata de uma mulher-pássaro que se torna a esposa do príncipe depois de suas asas serem roubadas. A história pode ser encontrada em muitas culturas, mas chegou ao Sudeste Asiático como um dos contos populares *Jataka*,[3] que tratam das vidas anteriores de Buda. Para os autores de dramas budistas, os contos *Jataka* serviram de

---

3 Conjunto de histórias sobre os nascimentos e vidas anteriores de Buda. (N. T.)

material-fonte religioso em paralelo ao *Ramayana* e o *Mahabharata*. A *nora* permaneceu uma forma popular de teatro em Myanmar e na Tailândia até o século XVIII, e de fato sua performance é ocasionalmente realizada ainda hoje.

Na China, as primeiras performances budistas assumiram a forma de uma dança ritual, e uma forma especificamente importante, o *ennen*, ou dança da longevidade, se desenvolveu durante o século VIII, floresceu até o século XVI e ainda hoje tem montagens realizadas em alguns poucos templos no Japão. Tradicionalmente, ela era realizada por sacerdotes e seguia a leitura cerimonial de textos religiosos, os sutras, nos templos budistas. Embora o *ennen* e as performances similares não tenham desempenhado um papel de relevo no desenvolvimento do teatro clássico chinês, quando exportados para o Japão eles demonstraram ter uma influência bem maior. Zeami[4] foi o primeiro que estabeleceu relações e teorizou sobre a mais conhecida forma dramática da Ásia, o teatro japonês nô, e encontrou as origens deste nos *ennen* budistas. Verdadeiras danças *ennen* são encontradas em alguns poucos dramas nô, mas o nô em si é profundamente imerso na filosofia e nos princípios nô. Como outras grandes religiões do mundo, o budismo se desenvolveu em muitas formas e variações. No Japão medieval, foi o zen-budismo, que em geral era favorecido pelos artistas e patronos da arte, seguindo o modelo dos pintores e poetas da dinastia Sung na

---

4 Motokiyo Zeami (1363-1443) é o principal nome do teatro nô. (N. T.)

China. Zeami não se inspirou apenas no zen, mas também no budismo amidista, que via Buda como uma figura divina dominando sobre uma terra ocidental paradisíaca.

Ainda que o budismo evidentemente tenha deixado suas marcas no conteúdo dos dramas nô, talvez especificamente em seu foco na vaidade e na natureza transitória da vida, o xamanismo nativo e o xintoísmo japonês também deram importantes contribuições tanto para a forma quanto para a montagem. O próprio Zeami notou que as danças rituais xintoístas tradicionais eram parte da inspiração do nô. A performance da mais importante delas realizada no Japão desde o século VII era a *kagura*, celebrando a emergência da deusa do sol Amaterasu das trevas da caverna. *Okina*, a peça mais antiga do repertório nô, é de fato essencialmente um ritual xintoísta, e o palco clássico nô com sua parede preta com um pinheiro pintado tem seu modelo em um santuário xintoísta.

A próxima forma teatral relevante a aparecer no Japão, o kabuki, conservou distintos elementos budistas, mas se virou ao secular. O kabuki foi criado por Izumo no Okuni, assistente de um templo budista, em 1605, quando foi enviado a Quioto para realizar a performance de uma dança sagrada com o objetivo de levantar fundos para o principal santuário de Izumo. Apesar de suas danças terem uma base religiosa, Okuni introduziu elementos folclóricos e insinuações sexuais de forma muito bem-sucedida. Sua companhia formada apenas por mulheres se tornou tão associada à liberdade sexual que o governo baniu as companhias, primeiro de mulheres, depois de jovens rapazes antes de finalmente estabelecer uma forma masculina madura, que perdurou desde o século XVII. Nessa forma mais madura, o kabuki refletia de maneira mais próxima o pano de fundo religioso do palco clássico japonês, se valendo muito, assim como o nô, da transitoriedade do mundo e do confucionismo para uma ênfase nas responsabilidades individuais.

No Sudeste Asiático, os períodos do Renascimento europeu e Barroco viram o florescimento e a proliferação do tradicional *wayang*,[5] parte importante da cultura indonésia e dedicado aos elementos religiosos islâmicos e hindus por séculos. No século XV, a dança *topeng*, com atores reais, apareceu em Bali e Java. Dois séculos mais tarde, a corte de Bali desenvolveu um teatro correlato, o *wayang wong*. Embora ambos utilizassem atores humanos, outra forma de fantoches do século XVII, a *wayang golek*, se desenvolveu em Java Ocidental. Apesar de serem bastante diferentes em estilo, essas e muitas outras variações remontam suas origens ao *wayang kulit*, e todas conservaram e ainda hoje conservam sua orientação religiosa, predominantemente hindu. Muitas formas, sobretudo a *wayang golek*, também têm fortes conexões mulçumanas e, nos anos 1960, um padre jesuíta, o irmão Timotheus Wignyosubroto, criou a "revelação *wayang*" para a instrução religiosa em Java na tradição missionária de séculos.

---

5 Teatro com elaborados fantoches e estilos musicais bastante complexos surgido na Indonésia, considerado parte do patrimônio cultural imaterial da humanidade pela Unesco. (N. T.)

A tradição do teatro religioso na Espanha e em Portugal

Quase ao mesmo tempo em que a nova forma de kabuki era apresentada como uma alternativa mais secular ao nô, de forte inspiração religiosa, o teatro europeu estava no apogeu do ainda mais secular Renascimento. O drama religioso que foi encontrado por todo o mundo cristão durante a Idade Média ainda podia ser eventualmente visto até o século XVIII, mas na maior parte da Europa era evidente o desaparecimento desse tipo de drama no fim do século XVI. As mais significativas exceções foram Espanha e Portugal. Na Idade Média toda essa região, com exceção de parte do Norte da Espanha, era islâmica, mas ainda assim os reinados cristãos espanhóis produziram dramas religiosos similares àqueles, já discutidos, em quase toda a Europa. Quando os mouros islâmicos foram expulsos da Espanha e de Portugal, no final do século XV, o auge dos grandes dramas religiosos medievais havia passado, mas as preocupações religiosas permaneceram centrais para o teatro espanhol e português, quando a maior parte dos teatros no resto da Europa, durante o Renascimento, estava se voltando a preocupações mais seculares. É significativo que os assim chamados fundadores dos teatros espanhol e português, Juan del Encina, Lope de Rueda e Gil Vicente, começaram sua carreira como escritores de dramas religiosos. Todos eles, posteriormente, produziram obras seculares também, mas Vicente, que se tornou tão célebre no drama português quanto Calderón na Espanha, continuou, assim como o espanhol, a ser sobretudo um criador de dramas religiosos por toda a sua carreira.

Com a consolidação dos Estados português e espanhol, também veio a consolidação do catolicismo nessas nações durante os séculos XVI e XVII. Nessa época, quase toda a Europa estava envolvida na luta entre catolicismo e protestantismo, e o teatro, também questionado pelo Humanismo renascentista, foi ainda mais prejudicado por sua antiga associação com a Igreja Católica. Somente na Espanha e em Portugal, onde o catolicismo permanecia inquestionável, um próspero drama religioso continuava a existir ao lado de um teatro secular mais tipicamente renascentista. Os principais autores de dramas espanhóis e portugueses do Renascimento contribuíram para a tradição de *autos sacramentais*. Diz-se que o prolífico Lope de Vega criou mais de quatrocentas obras e seu contemporâneo menos prolífico, mas talvez mais relevante, Calderón, talvez tenha criado mais de setenta obras. O primeiro dos muitos autos de Gil Vicente foi criado em 1510, e trazia o ominoso título de *Auto da fé*, com uma trama similar à quase contemporânea *Everyman*, peça de moralidade do Norte da Europa, um retrato alegórico da jornada em direção à morte e redenção de um homem comum. O fato de essa mesma expressão ter sido aplicada aos julgamentos públicos e fogueiras para os hereges sugere estreitas conexões culturais entre ambas como performances culturais religiosas.

Os primeiros teatros públicos, construídos nessa época tanto na Espanha quanto na Inglaterra, refletiam de maneira muito evidente a variada relação entre teatro e religião. Os teatros de Londres, como o Fortune ou o Globe, eram empresas comerciais erigidas para trazerem dinheiro para suas companhias. Os dois teatros públicos de Madri, chamados *corrales*, foram construídos por meio de caridade religiosa, e os lucros provenientes deles eram destinados a obras de caridade dessas irmandades. As peças permaneceram como uma parte importante da cultura espanhola até serem banidas pelo decreto real de 1765, devido à sua crescente vulgaridade e aos protestos de estudiosos seculares do Iluminismo.

Teatro religioso e colonialismo

O fato de que as duas primeiras grandes potências coloniais modernas, Espanha e Portugal, também eram uniformemente católicas significou que a difusão da fé católica era central para a colonização do Novo Mundo. Esse processo teve início no século XVI com a conquista do México por parte de Cortés. Quando ele chegou ali, em 1519, se aliou aos governantes de Tlaxcala que já estavam em combate com os astecas. Os primeiros monges franciscanos, dedicados a levar a religião e a cultura europeia ao Novo Mundo, chegaram em Tlaxcala em 1524 e, ao verem o que consideraram distintos elementos teatrais nos dramas rituais e nas celebrações públicas dos povos originários, apostaram na performance teatral como a estratégia mais eficaz e não violenta de esclarecimento e conversão. Com isso, o drama religioso se tornou central para o projeto colonial espanhol a partir de 1520. Um dos franciscanos que chegou em 1524 passou a se chamar *Motolinía* (o pobre, na língua nativa náuatle) e forneceu preciosos registros da Nova Espanha em meados do século XVI. Aparentemente, a primeira peça de estilo europeu apresentada no Novo Mundo deu o tom para tal drama. Ela retratava o Juízo Final e foi criada pelo primeiro bispo designado para a Nova Espanha, o franciscano André de Olmos, em 1533.

Em *Historia de los Indios de la Nueva España* [História dos índios da Nova Espanha], de 1541, Motolinía traz uma descrição detalhada dos elaborados festivais cristãos que aconteceram em Tlaxcala em 1538 e 1539, incluindo as esmeradas procissões, quatro autos sacramentais em náuatle e um espetáculo dramático também em náuatle, *A conquista de Jerusalém*, que retratava a vitória dos cristãos sobre os mouros na tomada da Cidade Santa. Os mouros eram interpretados por atores dos povos originários que, como mouros derrotados, eram batizados ao fim da peça. Uma vez que os atores não haviam sido realmente batizados antes, a produção se tornou uma destacada representação da mistura do teatro e das dinâmicas reais da conquista.

Onze autos em náuatle do século XVI provenientes do México foram preservados, mas sem dúvida havia muitos mais. Apesar de sua estrutura e tema serem derivados dos autos na Espanha da época, os franciscanos usavam não apenas a linguagem nativa, mas também, sempre que possível, referências próprias dos povos originários e práticas de performance para tornar sua mensagem tão acessível quanto possível para sua plateia. Assim, o primeiro drama pós-conquista do Novo Mundo era, desde o início, uma forma mista, mas seus fundamentos eram sobretudo religiosos de ambas as partes. Um *corrale*[6] no estilo espanhol foi criado para a apresentação desses novos dramas na Cidade do México em 1597, menos de vinte anos depois do primeiro de Madri. As peças apresentadas ali demonstravam, em boa medida, o mesmo escopo daquelas de Madri (e de fato em muitos casos eram as mesmas peças), uma mistura de autos sacramentais religiosos e comédias mais seculares. O drama religioso permaneceu como uma parte significativa do repertório por todo o século seguinte, encontrando, contudo, sua maior expressão nos três autos da freira mexicana Juana Inés de la Cruz,[7] publicados em 1692.

Outra relevante fonte de dramas religiosos pós-conquista foram os jesuítas, que chegaram por volta de 1572 e competiam com os franciscanos em sua dedicação à instrução religiosa por meio do drama. Estima-se que só na Cidade do México 52 dramas religiosos tenham tido suas performances realizadas em escolas jesuítas entre 1575 e 1600. No Peru, os jesuítas, que chegaram por volta de 1568, foram ainda mais ativos que os franciscanos na produção de dramas religiosos. Um *corrale* público foi construído em Lima, em 1605,

---

6 *Corrales* são teatros criados, no início do século XVI, em pátios de casas plebeias na Espanha, também conhecidos como *corral de comedias*. (N. T.)

7 Trata-se dos autos: *El divino Narciso*; *El mártir del sacramento, San Hermenegildo*; e *El cetro de José*. (N. T.)

não muito depois do que fora feito no México. No Peru, os jesuítas criaram dramas linguística e culturalmente híbridos, assim como os franciscanos, misturando elementos espanhóis e quéchuas, mas no México as produções eram quase inteiramente em latim e não na língua dos povos nativos. Seguiu-se o padrão que já estava bem estabelecido nas instituições jesuítas na Europa, que desde o início tinham um forte interesse pelo teatro, não tão grande quanto pela conversão e instrução da audiência e dos atores. No entanto, o teatro não era uma forma pela qual a ordem franciscana em geral demonstrava muito interesse, apesar de ele ter sido central para os franciscanos espanhóis como parte de seu projeto missionário no Novo Mundo. A situação era bastante distinta com os jesuítas, sobretudo nos séculos XVI e XVII, quando a produção de dramas religiosos era uma de suas principais preocupações.

A ordem jesuíta foi fundada em 1534 e apenas catorze anos mais tarde, em 1548, estabeleceu-se a primeira escola jesuíta em Messina, Itália, iniciando um compromisso com a educação que ela, por fim, levaria por todo o mundo. A escola de Messina produziu seu primeiro drama apenas três anos mais tarde e se tornou um costume naquela ocasião, assim como depois nas escolas jesuítas, apresentar ao menos dois dramas religiosos em latim a cada ano. Nos cem anos seguintes, aproximadamente quinhentos colégios jesuítas se estabeleceram por boa parte do continente europeu, e estima-se que apresentaram pelo menos 100 mil peças entre 1650 e 1700. O fato de essa grande quantidade de dramas religiosos, uma parte significativa das produções dramáticas europeias nesse século, não ter sido notada ou estudada pela maior parte dos historiadores do teatro indica a predominância que a narrativa da maior parte do teatro moderno secular europeu tem sobre o campo. Tais peças não eram, de modo algum, restritas a plateias pequenas e selecionadas. Os membros da aristocracia e da nobreza em geral estavam presentes e as peças, às vezes, também eram apresentadas em importantes festivais públicos, sobretudo em Viena, levando o número de espectadores à casa dos milhares.

As atividades teatrais do Novo Mundo da outra potência colonial, Portugal, eram menos extensas que as da Espanha, mas bastante similares em execução. A figura central a liderar essas atividades no Brasil foi José de Anchieta Llarena, um dos primeiros missionários jesuítas – formado em um dos primeiros seminários jesuítas, em Coimbra, Portugal –, que chegou ao Brasil em 1533. Ao longo do século, ele trabalhou com o povo indígena tupi. Ele estudou e, por fim, escreveu em tupi, combinando-o com o latim, espanhol e português, muitos dramas que produziu, bastante influenciado pela tradição de Gil Vicente, tanto religiosa quanto secular.

Os missionários jesuítas também levaram o drama religioso europeu para o Sudeste Asiático. São Francisco Xavier fundou um seminário jesuíta na colônia portuguesa de Goa, na costa oriental da Índia, em 1542, e pouco depois começou a produzir drama religioso por lá. Os jesuítas expandiram suas atividades para o Sri Lanka e para o Sul da Índia logo depois de sua chegada, em 1602. Um século mais tarde, essas peças ainda eram populares e foram complementadas por uma peça de Paixão que consistia em uma inusitada variante de teatro de fantoches, com estátuas sendo movidas por ventríloquos sob um tapete no qual eles ficavam, criada pelo irmão Jacome Goncalvez. Essa forma inusitada permaneceu popular no Sri Lanka até o início do século XIX, quando atores reais substituíram as estátuas.

Teatro barroco religioso na Europa

Apesar de o internacional e influente drama jesuíta entre os séculos XVI e XVIII ter sido objeto de pouca atenção pela maior parte dos historiadores do teatro, o drama religioso da Reforma Protestante recebeu ainda menos atenção, embora na Europa Central, sobretudo na Alemanha, ele tenha sido predominante nos teatros durante aquele século. Com a benção e o incentivo declarados de Martinho Lutero, autores protestantes do início da Reforma criaram peças religiosas, em especial bíblicas, tanto para a instrução moral quanto para melhorar o conhecimento individual da Bíblia, tão importante no projeto protestante. Na Inglaterra, contudo, o drama religioso tinha sido banido há tempo suficiente para ainda ser associado ao catolicismo, e os puritanos, que chegaram ao poder nos anos 1640 ao deporem o rei, também viam o teatro como imoral. No período em que controlou o Estado, até 1660, o parlamento protestante fechou todos os teatros e procurou aboli-lo na Inglaterra.

Lutero compartilhava a desconfiança dos protestantes ingleses com relação a peças de Paixão, com foco na vida de Cristo, mas não se preocupava tanto com as representações dramáticas baseadas no Velho Testamento; estas se tornaram o foco central dos dramas religiosos protestantes europeus. A história de José foi privilegiada por isso e se tornou o tema do primeiro importante drama dessa nova tradição criado em 1635 na Holanda, ironicamente, por um sacerdote jesuíta, Cornelius Crocus. Vários autores de dramas protestantes seguiram Crocus no século seguinte, tendo José, Suzana e Judite como temas particularmente populares. Essas produções logo saíram dos muros das escolas para as vias públicas, nas quais algumas chegaram a competir com as mais elaboradas peças de ciclo medieval, durante vários dias, com elencos de centenas de pessoas e com plateias aos milhares. Diz-se que Hans Sachs, lembrado hoje sobretudo como o autor de farsas populares, transformou mais da metade da Bíblia em peças religiosas, das quais escreveu mais de 150.

Nas nações eslavas, o primeiro drama de que se tem notícia era litúrgico, aparentemente importado de Bizâncio em alguma época anterior ao século XVI. Bastante popular era *Furnace play* [Fogo de fornalha], baseada na história bíblica de Nabucodonosor e das crianças hebraicas. A Igreja Ortodoxa conservadora afirmava que as peças semelhantes a *Fogo de fornalha* eram parte verdadeira da liturgia e não de fato teatro, como as peças religiosas do Ocidente; mas é uma estranha coincidência que a primeira obra considerada um drama na Rússia seja *On Nebuchadnezzar The King* [Sobre Nabuconodosor, o rei], de Symeon Polotsk. É evidente que Symeon, um sacerdote jesuíta, poeta da corte em fins do século XVII, tenha criado uma escola jesuíta de drama a partir de sua história popular. Gregory, seu contemporâneo em Moscou, também apresentou obras em temas privilegiados pelos jesuítas, como Ester, Tobias e Judite.

Durante o século XVII, quando o teatro francês assumiu uma proeminência na Europa que não seria questionada até o surgimento do Romantismo, o teatro, apesar de muito influenciado pelos modelos e temas gregos, permaneceu, principalmente, secular. Em fins da Idade Média na França, a Igreja Católica, que há muito já se afastara do teatro, permaneceu oposta a essa arte e a qualquer uma associada a ela. Em 1641, Luís XIV estendeu os direitos legais para os atores franceses, mas a Igreja desse país continuou a negar para eles os sacramentos, desde o batismo até os ritos finais. A luta da longa carreira de Molière com a Igreja é bastante conhecida.

No entanto, mesmo nesse ambiente hostil, parte significativa do drama religioso foi produzida por Jean Racine, o principal autor de dramas francês do período. Racine se formou na escola criada pelos jansenistas, um severo movimento da Reforma católica, e apesar de seus mestres contrários ao teatro o condenarem por sua escolha em se tornar um autor de drama, os críticos em geral concordam que seus estudos dos efeitos diabólicos das paixões humanas estão profundamente presentes no pensamento jansenista, embora os temas sejam provenientes dos clássicos gregos e romanos, assim como os dramas nô clássicos são profundamente influenciados pelo budismo, mesmo quando seus assuntos são derivados de outras fontes. Ainda mais surpreendente é o fato de Racine, em seus últimos anos – quando deixou de escrever peças para se tornar um historiógrafo real –, ter criado duas peças derivadas de fontes bíblicas. Elas foram escritas a pedido da rainha para a performance das garotas na Saint-Cyr, um convento do qual ela era patrona. A primeira, *Esther* (1689), foi elaborada a partir da mesma fonte de incontáveis peças de Purim[8] na tradição judaica, mas a segunda, *Athalie* (1691), tratava de uma rainha muito mais obscura, do livro de 2 Reis, cujas paixões fatais se encaixavam muito melhor com aquelas das figuras centrais das obras anteriores de Racine.

Teatro religioso no século XVIII

O século XVIII viu menos teatro especificamente religioso na Europa que qualquer outro período histórico anterior. A Igreja Católica manteve sua oposição conservadora e em 1777 convocou o eleitor da Baviária, onde os dramas de Paixão medieval ainda eram populares, a bani-los. Por outro lado, os pensadores do Iluminismo em geral achavam que o misticismo da religião era incompatível com sua devoção à razão, e mesmo

---

8 Dia de festa na tradição judaica em celebração à salvação dos judeus exilados na Pérsia, relatado no livro de Ester. (N. T.)

as um tanto quanto raras peças criadas por esses pensadores que aparentemente tinham um assunto religioso, em geral, se destinavam ou a condenar a religião tradicional – como *Fanatismo ou Maomé o profeta*, de 1741, escrita por Voltaire –, ou estavam voltadas às amplas afirmações humanistas que submetiam todas as religiões à sofisticada benevolência do Iluminismo – como *Nathan, o Sábio*, de 1779, de Lessing. Mesmo na Espanha, os há muito predominantes autos sacramentais foram banidos por um édito real em 1765, embora continuassem a ter performances realizadas em pequenas cidades e no Novo Mundo. De fato, no México e em muitos outros lugares, eles nunca desapareceram; sobretudo a forma de peças pastorais e de Natividade podem ser vistas ainda hoje.

No Japão, pode-se defender um surgimento em paralelo no teatro não religioso, com a crescente popularidade do kabuki mais secular e o subsequente teatro de fantoches, o bunraku, mas o nô manteve uma posição significativa e sua evidente religiosidade. Em outros lugares da Ásia, a religião e o teatro permaneceram estreitamente relacionados. No Sudeste Asiático, elementos budistas, hindus e até mulçumanos permaneceram no centro de várias danças dramáticas e teatros de fantoches que eram as principais atividades teatrais nessa região. Esse século também viu o surgimento da peça de Paixão persa, a Ta'zieh, mencionada antes como o mais relevante exemplo de drama religioso islâmico. O grande florescimento desse ciclo religioso foi durante fins do século XVIII e início do XIX, apesar de ele manter sua popularidade a ponto de inspirar a construção de seu maior teatro, o Takia-ye Dawlat, em Teerã, em 1876. Com capacidade para mais de 4 mil espectadores, várias pessoas o consideravam muito mais elaborado e elegante que as grandes casas de ópera da Europa, que estavam então no auge de sua extravagância arquitetônica. Embora o Ta'zieh fosse estruturalmente similar, como muitos historiadores notaram, às peças de ciclo medieval europeu, seu desenvolvimento em muitos países mais tarde significou que ele florescia em um momento no qual os principais dramas religiosos eram retirados dos palcos europeus por uma combinação de forças entre o Iluminismo e o surgimento do positivismo e do cientificismo do século XIX. Apesar de estar centrado no Irã, o Ta'zieh se difundiu pela Índia, por Estados do Golfo e, por fim, até mesmo para o Caribe, onde há performances deles até hoje.

Teatro religioso e pós-colonialismo

Em termos globais, contudo, o teatro e a religião alcançaram seu maior grau de separação no século XIX, quando o colonialismo europeu que havia se iniciado no século XV alcançou seu ápice e se espalhou por todas as partes do mundo. Desde a conquista espanhola, a exportação do teatro europeu foi parte relevante do projeto colonial, mas, com a virada da Europa para o secularismo, o teatro exportado no século XIX não era visto como um instrumento de conversão religiosa, e sim como uma ferramenta para instruir os colonizados nos ideais da ilustração secular. Os sacerdotes do século XV exploraram os *autos sacramentais* de Calderón, e os educadores do século XIX, os dramas sociais de Ibsen.

Entretanto, com o declínio da era colonial, esse mesmo secularismo engendrou um novo interesse no teatro religioso, amplamente visto no mundo pós-colonial como uma forma dos povos originários oprimida pelos colonialistas e importante de ser recuperada como parte de uma nova busca por identidade cultural. Sem dúvida, o exemplo mais conhecido dessa dinâmica é a obra do dramaturgo nigeriano Wole Soyinka, que incessantemente utiliza elementos religiosos iorubás como tema e estrutura de suas peças. A Nigéria tem sido um centro desse tipo de obra, mas há abundantes exemplos similares no teatro pós-colonial. Na Índa, Girish Karnad se voltou aos épicos hindus para criar peças que tratam de temas contemporâneos. O teatro Marae da Nova Zelândia, criado em 1980, se dedica a enriquecer o drama com o uso dos espaços tradicionais de performance e as práticas religiosas dos povos maori.

Teatro religioso no século XX

No Ocidente, depois de um século ou mais de marginalização, a religião reapareceu como uma parte importante da experiência do teatro no século XX. Isso começou com o movimento simbolista nos anos 1890, que questionou o secularismo do teatro realista com uma variedade de apelos ao não secular, desde um renovado interesse na religião tradicional, sobretudo o catolicismo, até uma fascinação por uma grande variedade de cerimônias ocultistas não tradicionais. Strindberg, principal figura dos simbolistas e uma inspiração para os expressionistas, criou toda uma série de dramas, como a trilogia *Rumo a Damasco*, publicada entre 1898 e 1904, que, apesar de sua peculiaridade, era inquestionavelmente religiosa. Outra figura central do movimento, William Butler Yeats, foi profundamente influenciado pelo drama nô e levou uma consciência estética e religiosa deste para o drama moderno ocidental.

Outros importantes dramaturgos de inícios do século XX que não adotavam a estética simbolista também compartilhavam o desejo de levar o drama novamente à sua base religiosa. Para o místico autor francês Paul Claudel, era o catolicismo; para T.S. Eliot, o anglicanismo, mas cada um demonstrava que peças com montagens e personagens modernos também poderiam ser dramas religiosos empolgantes. Muito menos convencionais, mas esforços espirituais e teatrais foram realizados por participantes do movimento ocultista da virada do século, que inspirou muito do Simbolismo. *Rites of Eleusis*, de Aleister Crowley, de 1910, procurava restabelecer as práticas místicas gregas nos palcos londrinos, enquanto Rudolf Steiner construía um teatro templo, o Goetheanum, na Suíça, em 1910, para a produção de peças modernas de mistério que são encenadas lá até hoje. O ocultismo e o teatro permaneceram conectados por todo o século, passando a ser de grande interesse nos anos 1960, com a vasta circulação dos escritos visionários de Antonin Artaud. Graças a ele e ao diretor polonês Jerzy Grotoswski, profundamente influenciado pelo misticismo católico polonês, um elemento bastante religioso e visionário entrou no teatro experimental do Ocidente nos anos 1960.

Ainda que a maior parte do teatro ocidental tenha se voltado ao secular, esses movimentos religiosos na vanguarda abriram caminho para que vários dramas claramente religiosos estivessem presentes até em importantes teatros comerciais. Eugene O'Neill, bastante influenciado pelo Simbolismo, tem várias dessas peças entre suas obras. Em 1958, o poeta Archibald McLeish alcançou grande sucesso em Nova York com *J. B.*, uma versão moderna do Livro de Jó, e em 1962, Paddy Chayefsky fez um sucesso considerável com *Gideon*, uma história do Livro dos Juízes. Porém, de algum modo mais surpreendente foi o grande sucesso de duas óperas-rock baseadas na vida de Cristo, surgindo, de maneira evidente, do novo espiritualismo da vanguarda dos anos 1960: *Godspell*, em 1971, e *Jesus Christ Superstar*, de Andrew Lloyd Webber e Tim Rice, em 1973.

Um desenvolvimento também surpreendente no drama religioso de fins do século XX foi uma retomada internacional do interesse na apresentação de peças de Paixão em uma imitação consciente da tradição medieval. A mais conhecida delas, e também a mais antiga, é a peça de Paixão de Oberammergau na Alemanha, que data de 1634 e, desafiando o banimento de 1777, tem sido encenada, com cancelamentos ocasionais, desde então; primeiro anualmente e agora uma vez a cada dez anos. Os pacotes turísticos internacionais para Oberammergau foram organizados pela primeira vez em 1870, e no final do século as produções atraíam centenas de milhares de espectadores (Figura 4). Nos últimos anos do século XIX, quando um novo interesse pelo lado espiritual da humanidade, deixado de lado pelo positivismo científico, estava emergindo, produções como aquelas em Oberammergau assumiram um significado histórico e sociocultural. É impressionante que um dos primeiros entusiastas de tal obra tenha sido um importante matemático e darwinista, Karl Pearson, que nos anos 1890 se fascinou pelas peças de Paixão alemãs contemporâneas e medievais e defendeu sua importância não apenas como parte do processo histórico, mas também pela dimensão espiritual que elas poderiam oferecer para uma sociedade cada vez mais materialista. Pearson se deteve nas peças de Paixão alemãs porque nas décadas anteriores ele havia escrito que, além de Oberammergau, várias cidades na Bavária alemã e no Tyrol austríaco haviam reestabelecido essa forma medieval, com um crescente interesse internacional. Na década de 1930 havia mais de vinte desses festivais nessa região, e periódicos de relevo como o americano *Theatre Arts* traziam matérias sobre eles como uma parte importante da cena do teatro mundial.

Naquela época, o conceito de peça de Paixão moderna estava bem estabelecido fora da Europa. A primeira dessas produções no México foi em Iztapalapa, na periferia da Cidade do México, que criou a obra em 1843, como o haviam feito os cidadãos de Oberammegau dois séculos antes, em

Religião e teatro

Figura 4. Peça da Paixão em Oberammergau encenada em 1860

agradecimento ao fim de uma praga, nesse caso a cólera. No outro lado do mundo, no Sri Lanka, as peças de Paixão criadas no início do século XVIII por missionários jesuítas e ainda hoje encenadas em muitas cidades costeiras foram revitalizadas por um novo interesse internacional em tais obras; um dramaturgo, Lawrence Perera, até viajou para Oberammergau para se inspirar para uma nova peça de Paixão do Sri Lanka que ele apresentou em Boralessa em 1923, a primeira naquele país em que Jesus foi representado por uma pessoa real. Nos Estados Unidos, o espírito comunitário que dirigiu o maior cortejo patriótico no início do século XX se deslocou para várias comunidades nos anos 1930 para a produção de peças de Paixão no estilo europeu, e esse número só aumentou ao longo do século. A *Black Hills Passion Play* [Peça da Paixão dos montes negros], uma das mais conhecidas, inaugurada em South Dakota, em 1932, foi criada por imigrantes de Lünem, Alemanha, que diziam estar recriando uma performance apresentada naquela cidade desde 1242.

A ininterrupta e complexa história dessa tradição foi sugerida pela ambiciosa *Passion Play* de Sarah Ruhl, em 2010, com três atos tratando de performances de Paixão em diferentes eras e locais: Inglaterra do século XVI, Oberammergau em 1934, e South Dakota em 1984. A Bretanha não estava envolvida nessa primeira onda de renascimentos, mas a reencenação de ciclos em York e Chester foi uma parte importante do Festival Britânico de 1951; York, em especial, desde então conserva uma significativa tradição moderna de tal obra.

O estabelecimento, em 1937, de um dos mais conhecidos exemplos de teatro itinerante dos Estados Unidos, o do Hill Cumorah, no norte do estado de Nova York, está diretamente relacionado com o bastante difundido ressurgimento do interesse em peças de Paixão no início da década de 1930. O Cumorah Pageant é um drama histórico religioso bastante similar às peças de ciclo da Inglaterra medieval, começando com a Criação, passando pela vida de Cristo e indo até o último ministério de Cristo no Novo Mundo, uma história revista do cristianismo no coração dos mórmons. O mormonismo é a única religião relevante que se desenvolveu nos Estados Unidos e foi o mais bem-sucedido dos muitos movimentos religiosos que surgiram no país durante o início do século XIX, em um período de fervor religioso conhecido como o Segundo Grande Despertar (o primeiro, um século antes, levou um movimento evangélico e restaurador para o protestantismo inglês e estadunidense). A fundação do mormonismo tem como marco a descoberta de seu livro sagrado, *O livro de Mórmon*, escrito em placas douradas descobertas, por guias angelicais, por seu fundador Joseph Smith. Levados a se deslocar em direção ao oeste por conta de uma perseguição, os mórmons se estabeleceram em Utah, que permanece como sua principal residência, mas um século depois de sua fundação, nos anos 1920, eles começaram a realizar cerimônias e a encenar breves peças em palcos retratando a história religiosa no norte do estado de Nova York, onde Joseph Smith encontrou as tábuas. Sem dúvida inspirada em parte pelo bastante difundido interesse estadunidense em peças de Paixão naquela época, uma importante procissão demonstrando a história da Igreja desde os tempos bíblicos foi apresentada pela primeira vez em 1937 e segue sendo, ainda hoje, uma das procissões religiosas mais conhecidas dos Estados Unidos.

Ironicamente, a produção mais popular da Broadway, em 2013, é um musical, *O livro de Mórmon*, uma sátira do mormonismo e sua história, que inclui referências à procissão Cumorah e uma paródia de uma peça religiosa criada por missionários mórmons contemporâneos na África, bastante relacionada com a tradição dos missionários jesuítas na Nova Espanha mais de quatrocentos anos antes. Apesar de *O livro de Mórmon* ser um caso especial, ele sugere qual o papel da religião no teatro ocidental contemporâneo, sobretudo no anglo--saxão. Embora peças de Paixão tradicionais permaneçam populares, em geral tanto como interesse turístico quanto religioso, o tipo de teatro religioso contemporâneo representado por Eliot e Claudel pode ser encontrado nos principais palcos hoje. Nenhum novo exemplo do tipo de ressurgimento da Nova Era representado por *Godspell* ou *Jesus Christ Superstar* apareceu, tampouco, ainda que ambos sejam eventualmente retomados como retratos de uma época. A religião não desapareceu, mas aparece em versões revisitadas, refletindo a desilusão de uma era de ceticismo, como pode ser visto no épico *Angels in America* [Anjos na América], de Tony Kushner, de 1993, o mais aclamado drama estadunidense em décadas recentes, que se baseia fortemente no mormonismo e retrata um universo em que Deus já não está mais presente. O mais recente *O testamento de Maria*, do escritor irlandês Colm Tóibin, encenado em 2013, retrata a mãe de Jesus na velhice, reclamando sobre as tentativas dos discípulos de seu filho de transformarem um homem comum em deus.

Tanto *Angels in America* como *O testamento de Maria* refletem a atitude atual do drama ocidental com relação à religião, que não é precisamente crítica, mas de alguma forma nostálgica, olhando para o passado quando uma fé religiosa tradicional, que o ceticismo moderno não pode mais aceitar, propiciava um universo mais confortável e seguro. Como toda nostalgia, é um retrato bem pouco preciso, mas conforme o século XXI se inicia, a religião e o teatro permanecem separados nos mais importantes teatros do Ocidente. Não obstante, com as crises globais engendradas pelas operações excessivamente não religiosas do capitalismo tardio, cabe relembrar os comentários de Karl Pearson um século atrás, que instava sua própria sociedade a procurar no espírito das peças de Paixão um corretivo à cruel indiferença do capitalismo secular aos membros mais vulneráveis daquela sociedade.

Capítulo 3
Teatro e drama

Como o teatro, a palavra drama tem vários significados em inglês, mas quando apresentada junto com teatro, em especial em termos de campo de estudo, como na universidade em um departamento de Teatro e Drama, essa combinação implica que o departamento estuda tanto os textos escritos (drama) quanto a representação deles (teatro). Como tratei no capítulo inicial, a conexão entre os dois costuma ser bastante estreita em todas as épocas do teatro ocidental, em que desde os gregos a prática corrente tem sido que alguém primeiro cria um texto escrito e subsequentemente aquela pessoa e/ou outros encenam o texto diante de plateias. Essa conexão próxima entre teatro e literatura, como já mencionei, não está presente em todas as culturas teatrais (e nesse sentido não é universal nem mesmo no Ocidente). Com o intuito de ir além de suposições ocidentais, vou tratar neste capítulo da fonte e do status do material encenado no palco, não importa se tenha uma origem escrita ou não.

Improviso

Apesar de constituírem apenas pequena parte do teatro mundial, há performances em muitas culturas que são criadas espontaneamente, ou seja, o diálogo e a ação são criados na hora. Há muita evidência em muitas culturas, e até mesmo na maior parte delas, de que tais entretenimentos improvisados tenham se desenvolvido muito antes de qualquer estabelecimento de um texto para encenação ou do desenvolvimento de uma tradição de repetir ações teatrais iguais ou similares. Há registros de animadores de campo que apresentam materiais improvisados, em geral de natureza satírica, na China e no Oriente Médio, séculos antes de qualquer texto escrito ter sido encontrado.

Os ditirambos, canções em homenagem ao deus Dionísio, foram, de acordo com Aristóteles, os precursores da tragédia grega clássica e, apesar de terem se tornado composições literárias com o passar do tempo, no início eles eram expressões de êxtase por parte do poeta-ator que dirigia o coro ditirâmbico, expressando as falas inspiradas conforme o deus entrava em seu corpo. As indecentes esquetes improvisadas eram menos respeitáveis, mas muito mais onipresentes que os coros ditirâmbicos. Elas ridicularizavam tanto figuras tradicionais históricas ou mitológicas quanto situações comuns da vida cotidiana. Tais atividades são parte da cultura popular no mundo todo, mas foram muito bem estudadas, principalmente na Roma e Grécia pré-clássicas e clássicas, nas farsas de Mégara,[1] anteriores à comédia clássica grega; nas festividades etruscas na Roma pré-clássica; e nas mais famosas farsas de Atellan[2] e nas primeiras mímicas, todas bastante documentadas desde o século III a.C. e sem dúvida muito anteriores a isso.

Commedia dell'arte

A tradição teatral mais associada ao improviso é a *commedia dell'arte*, criada na Itália em meados do século XVI, uma parte central do teatro europeu dos dois séculos seguintes, e ainda hoje uma forma viva e influente sobretudo na Europa, mas também em outras regiões do mundo. Embora a *commedia dell'arte* tenha se tornado, no século XVIII, o termo-padrão para obras nessa tradição, seu título original era *commedia all'improviso*, comédia improvisada, enfatizando a diferença da comédia literária, baseada em textos que estavam sendo criados à época por autores de dramas do Renascentismo.

No entanto, esse tipo de teatro improvisado é muito menos espontâneo que os versos de êxtase do cantor principal de

---

[1] "Farsa de Mégara" refere-se a um tipo de comédia popular surgida na Grécia Antiga, na cidade de Mégara. Caracterizada por diálogos engraçados, situações absurdas e sátira social, essa forma teatral precursora da comédia grega posterior tinha como objetivo entreter e criticar os costumes da época. (N. T.)

[2] Farsas de Atellan eram farsas improvisadas, com os atores mascarados, que surgiram na Roma Antiga por volta de 300 a.C. e se mantiveram populares por muitos séculos. (N. T.)

um coro dionisíaco ou as sátiras espontâneas de um animador de campo chinês. A *commedia dell'arte* era uma complexa mistura de elementos livres e estáveis. Em primeiro lugar, a *commedia* era invariavelmente uma criação de grupo cuja performance era realizada por uma companhia de dez atores em média, sendo comum serem membros de uma família, que geralmente permaneciam juntos por anos. Cada ator desempenhava um papel específico com relações determinadas com outros papéis. As origens da *commedia* não são conhecidas, mas há similaridades interessantes com as farsas de Atellan do Império Romano, que também apresentavam personagens-modelo com máscaras grotescas. Uma típica companhia de *commedia* tinha dois casais de jovens amantes, que não usavam máscaras, e uma variedade de personagens mascarados, sobretudo servos e cômicos, quase sempre o ganancioso Pantalone, o capitão espanhol fanfarrão e o médico pedante. Cada um deles usava uma máscara tradicional e fantasias, além de terem preocupações previsíveis. Apesar de não haver um roteiro escrito, a maior parte das companhias atuava a partir de um esboço de roteiro chamando *scenari*, que trazia os conteúdos gerais e os personagens em cada cena. Dentro disso, os atores da *commedia* improvisavam suas falas e negócios, embora aqui também haja uma mistura de materiais espontâneos e preestabelecidos. Cada ator havia memorizado um número de discursos ou ações físicas predeterminadas, chamadas de *lazzi*, que poderiam ser inseridas em uma cena sempre que eles achassem apropriado.

Apesar de a *commedia* e as formas dela derivadas, como o popular espetáculo de fantoches Punch e Judy, a pantomima francesa arlequinada ou as comédias Hanswurst[3] alemãs, continuarem a operar nessa forma essencialmente improvisada nos séculos seguintes, os autores dramáticos, em especial Molière, em meados do século XVII recorriam às tramas e personagens da *commedia* para criarem textos literários fixos. Um século depois, Carlo Goldoni, em Veneza, possível lugar de nascimento da forma, assumiu como sua missão dar um status literário à *commedia* ao criar textos de roteiro utilizando os materiais de assunto para a *commedia*.

Tradições orais

Na tradição ocidental do século XVIII em diante, o teatro improvisado existiu, sobretudo, em locais pequenos, produto de ruas populares, boates ou de animadores de parques de diversão, enquanto o teatro se tornou associado quase exclusivamente à apresentação do texto escrito, do drama. No mundo não ocidental, contudo, principalmente em áreas com uma forte tradição de performance oral, de teatro popular e comunitário baseado no improviso e na participação da plateia, permanece hoje como a forma mais familiar de teatro. Os africanistas do século passado com frequência contrapunham a Europa e a

---

3 "João Linguiça", nome de um personagem-modelo do teatro de comédia alemã. (N. T.)

África Subsaariana no sentido de que a Europa avançou de uma cultura oral para uma cultura literária, ao passo que a África permaneceu uma região predominantemente de cultura oral. Com o surgimento do interesse moderno na oralidade, o julgamento de valor decorrente dessa divisão, com a cultura oral sendo considerada mais primitiva e menos sofisticada, diminuiu bastante, mas sua observação básica permanece válida. Apesar da enorme influência do projeto colonial com seus vínculos à escrita europeia, as tradições orais permanecem fortes na maior parte da África, e foram reforçadas recentemente pela reação pós-colonial à influência europeia. A performance teatral oral na África, a sagrada, a secular e uma combinação de ambas, ainda tem força em muitos lugares, dentre os quais a Nigéria, o Senegal, a Zâmbia, a África do Sul e o Zimbábue, e é parte central da cena cultural. Nem toda apresentação é improvisada nos moldes do teatro comunitário mencionado. Há uma tradição de performance que é memorizada e passada adiante de geração em geração o mais intacta possível, como é o caso, em geral, das performances rituais. Além disso, há misturas de conjunto de sequências improvisadas e memorizadas, de alguma maneira aos modos da *commedia dell'arte*, ou na tradição de narrar encontrada em muitas partes do mundo. Por exemplo, nas performances dos narradores tradicionais, os *hakawati*, encontrados ao longo do Oriente Médio, ou na combinação de ventríloquos e narradores do teatro de sombras indonésio, o *dalang*, que manipulam e fornecem as vozes para dezenas de fantoches em produções que duram até nove horas.

Menos comuns são performances em que um tipo de contador de histórias na verdade lê (ou canta) um texto escrito, normalmente fornecendo vozes e, com frequência, descrições físicas ou ações realizadas ao mesmo tempo por fantoches ou por atores humanos mudos. O exemplo mais conhecido do primeiro é encontrado no teatro bunraku do Japão, que desde seu início no começo do século XVII tem um cantor (*tayu*) completamente visível com um livro aberto diante dele, o *yukahon*. Em seu figurino elegante, apresenta todos os personagens de forma dramática, e é um foco tão importante da atenção da plateia quanto os próprios fantoches. Os mímicos e pantomímicos da Grécia e Roma clássicas também eram acompanhados por um coro de voz simples ou múltiplo que apresentava o *libreto*. Não se sabe se o *libreto* estava de fato visível, como no bunraku, mas uma ilustração intrigante de uma das primeiras edições renascentistas de Terêncio, de aproximadamente 1400, mostra algo que evidentemente pretende representar uma performance mímica, com um cantor e um livro claramente visíveis no palco, muito similar ao cantor do bunraku. A ilustração combina uma variedade de elementos e não pode ser tomada como precisa de qualquer produção em particular. O cantor que segura o livro, por exemplo, é identificado como "Calliopius", na verdade um antigo editor de Terêncio, mas, até o século XV, pensava-se que era seu ator favorito. As figuras atuando diante dele, por suas atitudes, figurino e máscaras, aparentam terem vindo não de uma prática clássica direta, mas de uma mímica clássica posterior (Figura 5).

Independente de suas imprecisões, contudo, essa ilustração demonstra claramente que no início do Renascimento ainda existia um pressuposto, baseado na memória cultural, da performance clássica tardia com atores mascarados atuando junto com um leitor/cantor que visivelmente os acompanhava com o texto na mão.

Ao rejeitar qualquer texto preexistente, o teatro improvisado ganhou novamente um papel importante no teatro ocidental no início do século XX. Não como técnica de performance, no começo, mas como uma ferramenta para formação de atores, utilizada por figuras importantes como Constantin Stanislasky na Rússia e Jacques Copeau na França, e depois por vários imitadores e discípulos. Dentre eles estava a estadunidense Viola Spolin, que em meados do século XX criou uma variedade de exercícios de atuação de improviso que ela denominou jogos teatrais. Estes, por sua vez, inspiraram uma relevante tradição da performance do improviso moderna, popularizada por companhias como a The Second City, de Chicago, fundada em 1959 pelo filho de Spolin, Paul Sills. Nos anos 1960 e 1970, muitas companhias de teatro com preocupações políticas, como o Teatro Fórum de Augusto Boal no Brasil ou a Mime Troupe de São Francisco, viram o improviso como um excelente mecanismo para se reportar diretamente a suas plateias e para responder com rapidez aos acontecimentos políticos.

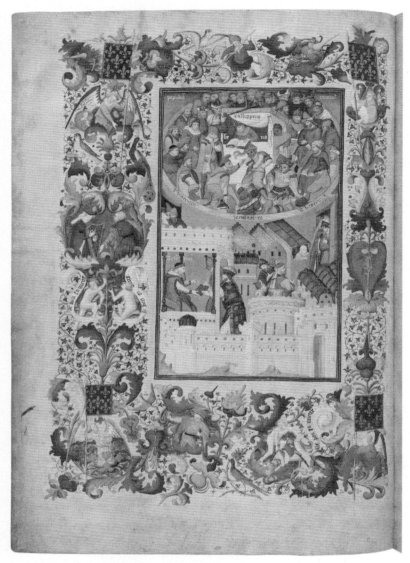

Figura 5. Reconstrução renascentista hipotética de uma clássica performance de Terêncio

Marvin Carlson

Os primeiros textos dramáticos não europeus

Apesar das significativas tradições teatrais não literárias com a pantomima, a *commedia* e o teatro do improviso moderno, a hipótese comum por todo o mundo ocidental, da Grécia e Roma clássica em diante, era a de que a arte do teatro envolvia a encenação física no palco de um texto escrito preexistente. Essa hipótese também era vista em muitas tradições asiáticas, mas era distribuída para a maior parte do restante do mundo pelo projeto colonial, começando com a conquista espanhola no século XV e seguindo até a independência entre as antigas colônias no século XX. Com a dominação mundial desse modelo, muitos textos orais cujas performances haviam sido realizadas por gerações sem qualquer anotação escrita se converteram em textos escritos por dramaturgos ocidentais. Assim, o drama mais conhecido dos incas, o *Apu Ollantay*, que se reivindica ter existido em forma oral desde o século XVI, só passou a existir em forma escrita em espanhol nos anos 1780 por Antonio Valdez. Outro importante drama que sobreviveu é o *Rab'inal Achi* da Guatemala, uma dança dramática maia do século XV que foi escrita pela primeira vez em 1856 por um padre francês. Em tempos mais recentes, antropólogos e, subsequentemente, estudiosos do teatro forneceram diferentes versões de uma grande variedade de material teatral do mundo não ocidental.

No entanto, muitas partes daquele mundo têm uma longa tradição do drama escrito. O sânscrito era, antes de tudo, uma língua literária usada sobretudo para registros da corte e de outros materiais similares. As peças criadas nessa língua, cujos fragmentos existem desde o primeiro século da era cristã, em geral privilegiam a linguagem em relação à ação, com longas passagens poéticas e muita ação que ocorre fora do palco e é revelada pela narração. No Sudeste Asiático, epopeias escritas existem desde o século IX, e é possível que os textos dramáticos tenham sido criados na mesma época; porém, caso isso seja verdade, não há qualquer vestígio deles. No século XV, muitos palácios e templos com influências indianas apresentavam uma variedade de textos em sânscrito, e desde então considera-se que atores tenham utilizado tais materiais. James Brandon, principal autoridade inglesa com relação ao teatro dessa região, defendeu que a partir dessas e de outras fontes, os administradores dos teatros criaram "livros-texto" que eram usados, em boa medida, como os *scenarii* da *commedia*, fornecendo esboços de peças com trechos de diálogo, canções e outros materiais sobre os quais os atores criavam a performance, em parte por meio do improviso, mas principalmente com o material recebido pela tradição oral. Brandon aponta a aparição de textos dramáticos nas cortes javanesas em fins do século XVIII, mas considera isso uma exceção à prática geral no Sudeste Asiático, que continuou a trabalhar com cenários escritos e diálogos recebidos oralmente. Isso não mudou significativamente com um aumento no letramento nem com a introdução da imprensa. Mesmo hoje a *wayang kulit*, a mais significativa forma dramática indonésia, é apresentada com um texto-guia, apesar de as performances terem sido registradas sob a forma escrita e posteriormente apresentadas como textos dramáticos mais convencionais por tradutores ocidentais, incluindo o próprio Brandon.

Peças baseadas em textos escritos tornaram-se parte significativa do teatro chinês, pela primeira vez, durante o período Yuan do século XIII e XIV, mas uma ênfase ainda maior caracterizou o nô japonês, desenvolvido praticamente na mesma época. Apesar do espetáculo visual do drama nô, desde sua criação por Zeami ele foi solidamente baseado no texto escrito. Hoje, o repertório nô consiste de cerca de 250 peças, que ditam o figurino, o estilo e os detalhes de atuação de todos os tipos. No centro desse repertório estão as peças do próprio Zeami, que somam mais de um terço do total e estabeleceram o estilo e as estruturas que as obras posteriores seguiram. O subsequente kabuki e nô, ambos derivados em boa parte também do nô, apesar da grande importância do espetáculo visual para ambos, são baseados em textos escritos. Isso é particularmente evidente no bunraku, em que o cantor/narrador (*tayu*), em um elaborado figurino tradicional e com o texto aberto diante dele, o traz da lateral do palco, ao lado dos músicos. Como um contador de histórias tradicional, ele atua como o narrador e todos os personagens individuais, variando sua voz, gestos e expressões faciais para insinuar cada personagem. Assim, ele compartilha o foco visual com os fantoches no palco, a plateia assiste a esse apresentador do texto tanto quanto o faz com relação à ação que ocorre no palco (Figura 6).

Figura 6. O narrador (*tayu*) em um teatro bunraku

Os primeiros textos dramáticos do Ocidente

Na tradição ocidental, o texto dramático assumiu uma posição central por muito mais tempo e muito mais consistentemente que em qualquer outra cultura teatral. Como mencionei antes, Aristóteles privilegiava o lado literário do teatro dividindo a criação poética em épica, lírica e dramática e, ao analisá-los basicamente em termos literários, ignorava praticamente o aspecto físico do drama; essa distinção com ênfase no texto literário permaneceu uma característica comum dos escritos europeus sobre teatro desde então. A estreita conexão entre o texto escrito e sua performance no palco foi reforçada pela forte vinculação entre textos e performances específicas e tradições de performance por quase toda a história do teatro ocidental. Nos tempos modernos, o texto dramático e a encenação ou as encenações do texto, em geral, tiveram existências um tanto distintas. Mesmo quando uma peça é escrita para uma companhia em particular ou (mais comumente no principal teatro comercial nos Estados Unidos) para um grupo particular de artistas que se reúnem especificamente para apresentar essa peça e depois se separam, a versão publicada dela, se for publicada, é então posta no mercado e circula livremente. Qualquer um que deseja pagar o quanto for de taxas de *copyright* pode produzir a peça em outros teatros com outras condições de produção.

Antes do século XIX, quando os textos dramáticos começaram a ter uma circulação mais ampla, a situação no Ocidente era, em geral, um tanto distinta. Enquanto os textos escritos eram a base da produção, eles permaneciam usualmente como propriedade do teatro ou da companhia para a qual eles foram originalmente criados. Na Inglaterra elisabetana, por exemplo, escritores de dramas costumavam vender suas peças para uma companhia teatral específica que, então, em teoria seria o único grupo a apresentar aquele texto. Antes da era da publicação, com frequência apenas uma única cópia completa desse texto existia, o roteiro de palco da companhia, ao qual foram adicionadas direções para iluminação e som, todas as notas necessárias para guiar a apresentação física do trecho. Apesar de uma circulação subterrânea de textos piratas criados por pessoas que sub-repticiamente reproduziam o material a partir das peças que assistiam como supostos membros da plateia, a conexão de qualquer texto em particular com qualquer teatro em particular e a um grupo de atores permaneceu forte. Com o início da era da imprensa, o drama se juntou a outras artes literárias em seu principal meio de circulação, mas não foi nem rápida nem automaticamente. Mesmo dramaturgos importantes como Shakespeare estavam criando textos que desde então têm sido reconhecidos como obras de arte literárias. No entanto, à época em que esses textos haviam sido escritos pela primeira vez, ainda existia um sentimento geral de que eram apenas para o uso dos atores e que havia uma distância considerável entre uma obra literária, que procuraria ser publicada, e uma obra teatral, que não procuraria publicação.

Quase metade das peças de Shakespeare foi de fato publicada pouco depois de sua primeira apresentação. Mas isso não conferiu a elas um status literário, uma vez que eram produzidas *in quarto*, o tamanho de publicação utilizado popularmente desde a invenção da imprensa até hoje para todos os tipos de panfletos, sermões, baladas e outras obras efêmeras. Um formato de impressão maior, o *folio*, era utilizado para obras literárias mais sérias e mais caras, e quando Jonson, o primeiro dramaturgo inglês a fazê-lo, reuniu suas obras em um *folio*, evidentemente reivindicou que ela fosse julgada em termos literários. O *folio* de Jonson apareceu em 1616, o ano da morte de Shakespeare, e o primeiro *folio* das peças de Shakespeare só apareceu sete anos mais tarde.

A regulação dos textos

A publicação de textos dramáticos apresentou uma oportunidade para a circulação muito mais ampla destes teatralmente, uma vez que locais alternativos não precisavam mais depender das muito instáveis versões piratas, mas de fato tal circulação foi severamente limitada durante os séculos XVII e XVIII. Nesse período, versões publicadas eram dirigidas para a leitura ou em alguns casos para o uso de grupos amadores, pois a única produção profissional da maior parte das peças publicadas era restrita, por uma rígida regulamentação governamental, aos teatros mantidos pelo Estado em que essas peças eram criadas. Por volta de 1402, a *Confrérie de la Passion* [Confraria da Paixão] recebeu o monopólio sobre a performance de peças religiosas em Paris, e em 1582, embora as peças especificamente religiosas não fossem mais permitidas, essa companhia era o único grupo com permissão de encenar peças em Paris ou em seus arredores. Assim, o precedente foi estabelecido desde o início do Renascimento europeu para a Comédie Française [Comédia Francesa] e para os muitos teatros nacionais europeus estabelecidos sobre o mesmo modelo geral para terem seus próprios repertórios de peças, os quais nenhum outo teatro poderia apresentar. Assim, até a Revolução, somente a Comédie tinha permissão de apresentar as obras de Molière, Racine e muitos outros dramaturgos cujos textos foram apresentados pela primeira vez por essa companhia.

Essa prática governamental reforçou uma relação ainda mais próxima e contínua entre textos dramáticos e sua intepretação no palco que aquela que havia ocorrido desde o início do Romantismo. O modelo quase universal da organização do teatro no Ocidente, e sobretudo na Europa, tradicionalmente seguiu aquele modelo encontrado em qualquer lugar do mundo onde teatros profissionais contínuos foram estabelecidos. Tais teatros quase invariavelmente tinham em seu núcleo um grupo de atores, em alguns casos com membros da família, que trabalhavam juntos por um longo período de tempo, talvez por décadas. Como outros ofícios e comércios, o teatro em geral operou por meio de alguma forma de sistema de mestre-aprendiz, com novos membros da companhia sendo treinados por outros mais velhos e estabelecidos, com a expectativa geral de que eles, por sua vez, sucederiam seus mentores e se tornariam os próximos da geração seguinte. Como regra, sua formação não envolvia técnicas físicas ou vocais gerais, mas uma maneira particular de atuar uma determinada peça, mesmo um papel particular ou um tipo de papel. O teatro nô é famoso por preservar com cuidado a tradição da performance, essencialmente com os mesmos gestos, figurinos e movimentos acompanhando as mesmas palavras performance após performance da mesma obra. Até o fim do século XVIII, e em alguns casos se estendendo ao XIX, a maior parte dos teatros ocidentais também seguiu uma preservação de técnicas de apresentação particulares de modo similar ou um pouco menos rígida. Jovens atores eram formados em determinadas *"lines of business*" [linhas de trabalho], como as chamavam os ingleses, ou *emplois*, de acordo com os franceses, pondo-os em categorias genéricas como empregadas sagazes, velhos ingênuos ou irascíveis, mas cada tipo e em geral cada personagem em uma determinada peça utilizava movimentos, gestos e falas que eram fielmente passadas adiante de mestre para aprendiz, como os movimentos no teatro nô. Quando se agrega à linhagem de formação o fato de que a performance de determinada peça só poderia ser realizada por determinado teatro, tudo organizado de acordo com esse padrão, uma conexão muito estreita entre o texto dramático e mesmo pequenos detalhes em sua interpretação pode ser vista em muito do início do teatro moderno na Europa.

Dominância textual

Essa conexão muito próxima entre o drama e o palco foi mais evidentemente manifestada na França, sobretudo a partir de meados do século XVII, quando a dominação do pensamento neoclássico bastante rígido, o poder da tradição e a regulação detalhada do teatro, junto com quase todos os aspectos da vida pública, reforçaram essa conexão e desmotivaram qualquer mudança significativa nela. Tais preocupações, como a de Hamlet, de que os palhaços "falam apenas aquilo que lhes é atribuído", seriam impensáveis no palco neoclássico francês, especialmente com dramas sérios que deveriam seguir as rígidas demandas da forma poética tradicional, os versos alexandrinos. Esta, além de não dar quase nenhuma oportunidade a cada ator de mudar uma palavra, dava pouco espaço para alterar qualquer inflexão de qualquer fala. A dominação do teatro francês no continente garantiu que esse poder do texto sobre a produção estivesse presente da Espanha até a Rússia, onde no século XVIII as teorias neoclássicas e os dramas de Voltaire reinavam de maneira suprema e os autores de dramas tentavam, com sucesso parcial, impor os versos alexandrinos em línguas em que eles não cabiam, como o dinamarquês.

Apesar de flertar com a prática francesa no final do século XVII, a Inglaterra assumiu uma visão mais liberal da relação entre o literário e a performance do texto, como pode ser visto muito bem nas obras de Shakespeare. Conforme sua popularidade e sua centralidade no repertório britânico aumentavam, elas também se afastaram cada vez mais do tipo de fidelidade textual que os franceses continuavam a dar aos seus autores clássicos. Nos séculos XVII e XVIII na Inglaterra, o hiato entre as peças de Shakespeare quando eram estudadas e lidas como dramas e quando se realizavam performances dessas mesmas obras em teatros britânicos aumentou muito. Os produtores adicionavam, omitiam ou reorganizavam as falas, cenas e personagens livremente. Tragédias como *Rei Lear* e *Romeu e Julieta* foram reestruturadas para terem finais felizes. Música e espetáculo foram adicionados a peças como *Macbeth*. David Garrick, a maior figura teatral britânica em sua época e um devoto fervoroso de Shakespeare, no fim do século XVIII defendeu rejeitar essa prática e pôr as palavras do próprio Shakespeare no palco novamente, mas, embora sua defesa desse projeto tenha sem dúvida motivado outros produtores posteriores, ainda há uma grande diferença entre qualquer produção de Garrick e qualquer coisa como um texto shakespeariano preciso.

A visão de Garrick de levar as palavras exatas de Shakespeare ao palco se tornou um projeto importante no século XIX, quando um crescente interesse cultural em pesquisa histórica em geral gerou um cuidadoso estudo dos *quartos* e *folios*, na tentativa contínua de estabelecer um texto definitivo a partir deles e uma preocupação por parte de muitas organizações teatrais de apresentar produções fiéis ao texto original. A aproximação entre o drama escrito e a performance da peça foi a maior desde o Renascimento inglês. Juntamente havia um interesse historicista, na Inglaterra e em outros lugares, em apresentar as peças com suas palavras originais e com algo similar às condições originais de performance. O autor de dramas romântico Ludwig Tieck introduziu essa preocupação ao teatro alemão no início do século XIX, e ela foi quase completamente realizada no final daquele século nas produções influentes de William Poel e sua Elizabethan Stage Society, que entre 1895 e 1911 apresentaram uma série de dramas de Shakespeare e seus contemporâneos em um palco, tentando recriar as condições de apresentação da época.

O interesse no historicismo moderno surgiu a partir do movimento romântico que internacionalmente via Shakespeare como sua inspiração central, mas o pensamento romântico de modo algum encorajava, em geral, a convergência do drama e do teatro. Ao contrário, alguns dos expoentes desse movimento, entre eles Charles Lamb na Inglaterra e Goethe na Alemanha, viram a encenação de Shakespeare com grande desconfiança e defenderam que todo o seu gênio poderia ser experienciado somente pela aproximação a sua obra como drama literário e não como scripts para a apresentação no palco. A preocupação deles era que Shakespeare, como um gênio romântico, havia expressado sua visão diretamente por meio de suas palavras e que qualquer coisa que fosse adicionada pela performance física, ainda que com efetividade, diluiria, diminuiria ou distrairia com relação à pureza da expressão original. A preocupação de que qualquer intepretação no palco limite ou distorça a pureza da visão original do artista ainda hoje é expressa por alguns críticos de orientação literária e continua a criar tensão entre os defensores do texto impresso e de sua performance.

Desafios para o texto

Essas preocupações tampouco eram expressas apenas por teóricos da literatura. Quase ao mesmo tempo em que os estudiosos literários e teatrais estavam tentando descobrir e encenar o texto o mais próximo possível das palavras originais de Shakespeare, um movimento estava se desenvolvendo entre os teóricos do teatro que trabalhavam em uma direção quase diretamente oposta a essa, criando uma fronteira entre teatro e o drama literário. Provavelmente o mais influente desse movimento seja o teórico e designer inglês Edward Gordon Craig, que insistiu para o teatro romper sua dependência com relação à literatura e desenvolver-se como uma forma de arte distinta baseada não em palavras, mas em ritmo, sons, luz e formas em movimento. Em vez de olhar para o roteiro da peça como um agente de controle da produção, Craig defendia um artista de teatro emergente, o diretor moderno, que seria o principal responsável pelo efeito total da produção teatral.

A questão de se o texto literário (e sua produção e tradição) ou a visão do diretor deveria ser, por fim, o elemento definidor na produção tem sido uma fonte contínua, e apaixonada, de controvérsia desde o surgimento da proeminência do diretor em fins do século XIX. No fim do século XX, quando em muitas partes do mundo importantes diretores como Peter Brook, Giorgio Strehler ou Ariane Mnouchkine se tornaram mais conhecidos que qualquer dramaturgo contemporâneo em seus países, essa controvérsia cresceu. Diretores da Europa Continental frequentemente dominavam tanto os textos dramáticos que o termo alemão *Regietheater* (teatro de diretor) ganhou grande proeminência, às vezes como um termo descritivo neutro, mas em geral como uma forma de injúria. Embora esse tipo de diretor controlador estivesse particularmente associado com a Europa Continental, figuras similares apareceram em diferentes lugares do mundo: Yukio Ninagawa ou Tadashi Suzuki do Japão, Victor García da Argentina ou Ong Keng Sen de Singapura são alguns exemplos, dentre muitos.

Se vários praticantes do teatro, de Gordon Craig em diante, têm incentivado a separação do drama e do teatro, principalmente fazendo o diretor se sobressair com relação à peça escrita como o artista controlador na produção, os estudiosos do teatro também se somaram a essa separação de maneira diferente: desenvolvendo os estudos teatrais como uma nova disciplina, distinta da literatura. Decerto não é uma coincidência que esses movimentos paralelos na prática teatral e nos estudos teatrais tenham começado a ser articulados quase ao mesmo tempo, nos últimos anos do século XIX e início do século XX.

Drama e teatro na universidade

A literatura foi desenvolvida como uma disciplina universitária no século XVIII, e o estudo do drama nas várias línguas nacionais foi considerado essencialmente uma subdivisão da literatura. As condições físicas da performance foram basicamente ignoradas, sendo que a relação com o estudo do drama, nas palavras de Joel Spingarn, importante teórico da literatura nos Estados Unidos no início do século XX, seria similar à relação da história da impressão com o estudo da poesia. Os primeiros estudiosos do teatro, que surgiram na virada do século XX e vieram dos departamentos de literatura, discordavam dessa visão e, com isso, levantaram uma grande oposição em relação aos seus antigos colegas. Brander Matthews foi nomeado pela Universidade de Columbia em 1900 como o primeiro professor de Literatura

Dramática em uma universidade de língua inglesa e, embora essa nomenclatura não necessariamente o sugira, ele assumiu como tarefa o estudo do teatro em performance. Essa distinção era mais evidente no caso do primeiro estudioso europeu a realizar semelhante ruptura, Marx Herrmann na Alemanha, cujas primeiras aulas sobre teatro foram em 1900 e em 1923, em Berlim. Ele deixou o estabelecido campo da *Literaturewissenschaft* (Estudos Literários) para fundar o primeiro instituto para *Theaterwissenschaft* (Estudos Teatrais), apesar da grande oposição de seus colegas. Desde esses esforços pioneiros, o teatro em geral tem sido aceito como um campo de estudo acadêmico na maior parte das universidades ocidentais. Mas, apesar do nome comum desse campo nos Estados Unidos, "Teatro e Drama", ainda há uma tensão em muitas escolas com relação a se artistas como Shakespeare deveriam ser devidamente trabalhados no departamento de Teatro ou de Literatura.

A relação exata entre teatro e drama era uma das preocupações centrais da abordagem mais influente da crítica a esses temas (e a muitos outros) em meados do século XX, a semiótica. Inicialmente desenvolvida por um grupo de teóricos da cultura e da linguística em Praga nos anos 1930 e 1940, a teoria semiótica ressurgiu como uma importante ferramenta para a análise de todos os tipos de fenômenos culturais nos anos 1960 e impactou o discurso teórico em todo o mundo. Uma preocupação central da análise semiótica, como aplicada ao teatro, de fato tratava da questão de analisar a exata relação de trabalho entre o drama escrito e sua performance no teatro. Em geral, os teóricos da semiótica, cujas estratégias eram derivadas originalmente da análise linguística, procuravam ver os produtos da cultura humana como "textos" a ser analisados em termos de sua habilidade em comunicar mensagens. Portanto, eles frequentemente falavam do drama como o "texto escrito" e sua realização no teatro como "texto performativo". Anne Ubserfeld, uma importante semioticista do teatro francês, sugeriu que o texto escrito estava incompleto, conscientemente deixado com lacunas (ela as chamava de *troué*, com "buracos") a serem preenchidas pela realização teatral. Essa visão não era amplamente aceita por muitos semioticistas do teatro que, com uma propensão mais literária, estavam muito mais à vontade com a visão tradicional do drama escrito como uma criação artística completa em si própria, não importando se ela fosse realizada ou não no teatro. A visão geral entre tais especialistas era a de tratar esses dois textos como diferentes linguagens, de modo que o processo de montagem da peça envolvesse a tradução de um texto escrito em um performático. Este, como qualquer tradução, procuraria encontrar equivalentes próximos, mas reconhecendo que a tradução inevitavelmente faz mudanças significativas não apenas na forma da "mensagem" subjacente, mas também inevitavelmente em seu conteúdo.

No fim do século XX, uma nova dimensão foi acrescentada a essa longa negociação no mundo ocidental entre o drama literário e a performance da peça, com o surgimento de estudos sobre a performance. Já discuti muitas das implicações dessa nova abordagem ao teatro em um capítulo sobre esse tema, mas apenas apontarei aqui que a performance, com sua orientação no sentido da encenação, reforçou bastante o hiato já existente entre o drama escrito e sua montagem. A influência internacional crescente dessa nova orientação assegurou que o foco dos estudos sobre performance com relação à encenação e o correspondente enfraquecimento dos vínculos entre tal encenação e um texto literário preexistente fortaleceram essa separação em muitas partes do mundo.

Teatro pós-dramático

O livro *Teatro pós-dramático*, de 1999, de Hans-Thies Lehmann, é um dos trabalhos teóricos recentes mais citado. Apesar de Lehmann concentrar seu estudo na teoria e prática teatral ocidental dos anos 1970 em diante, ele retoma as vanguardas do início do século XX, a defesa de Craig e de outros do diretor como um artista independente, e sobretudo a *Teoria do drama moderno* de Peter Szondi, publicado em alemão no ano de 1956 e traduzido ao inglês em 1987. Esse infeliz atraso na tradução ao inglês de textos importantes escritos em outras línguas é menor hoje em dia, mas ainda assim surpreendente. Enquanto a obra de Szondi esperou trinta anos para ganhar uma tradução, a de Lehmann aguardou apenas sete, até 2006. Mesmo assim, a tradução inglesa foi precedida por traduções ao francês e ao japonês em 2002, ao esloveno e ao croata em

2003, ao polonês em 2004 e ao farsi em 2005. O fato de esse livro estar disponível no Japão e no Irã antes que existisse em inglês não só indica o conservadorismo das pesquisas em língua inglesa com relação ao que é produzido em outras línguas, porém, mais importante, sugere o quanto a teoria teatral, assim como a prática, está envolvida hoje em um processo de circulação global.

No prólogo ao seu livro, Lehmann defende que por séculos o teatro europeu tem sido dominado por um paradigma que o distingue com bastante nitidez dos teatros de outras partes do mundo, como as danças dramáticas da Índia ou o nô do Japão. Enquanto essas formas têm predominância da dança, música, movimentos altamente estilizados e coreografados, figurinos espetaculares e outros elementos visuais, o drama europeu tem tido como preocupação central a encenação no palco de textos dramáticos. O texto escrito permanece como parte determinante central do evento mesmo quando música, dança ou espetáculo são incorporados ou até se tornam elementos predominantes.

A figura humana, como em quase todo teatro do mundo, permaneceu o núcleo da produção, mas essa figura era caracterizada, antes de tudo, não por qualquer demonstração física ou vocal, mas por meio do discurso, e aquele discurso, por sua vez, era determinado e fundado sobre um texto dramático preexistente.

Em alguns aspectos, Lehmann vê seu projeto como uma extensão daquele de Szondi, que em meados do século sentiu que a característica central do teatro moderno era a de que ele estava se tornando cada vez mais distinto do drama. Szondi, olhando para os experimentos de Brecht, Pirandello e para os expressionistas, viu todos como tentativas de romper com a estabilidade do drama baseado no texto e suas convenções do discurso dialético envolvendo narrativa, representação de personagens e *mimesis*. Olhando particularmente para Brecht, ele propôs rejeitar o termo dramático e utilizar o termo épico para uma forma mais aberta e mais compatível com uma visão do mundo e do sujeito humano rapidamente em transformação.

Ao olhar para a obra experimental de artistas como Robert Wilson, Tadeusz Kantor ou Tadashi Suzuki, Lehmann aponta a tendência de tais obras de partir de uma ação/trama dramática, distinta do teatro dramático convencional e do teatro épico de Brecht, um curso composto por ação muito baseado nas convenções da *mimesis* e do mundo fictício. Essas obras e de outros artistas recentes do teatro experimental se deslocaram da narração para o evento, de uma história baseada em um texto contada a espectadores passivos para uma ação que pode envolver a participação ativa do público, de um teatro que clama por entendimento e compreensão a um que é baseado na experiência e em uma associação aberta. Lehmann nomeia esse teatro como pós-dramático, um termo que desde o surgimento em seu livro ganhou ampla circulação internacional.

Isso não quer dizer, é claro, que a ruptura do duradouro vínculo entre teatro e drama, sobretudo no Ocidente, esteja no processo de dissolução. A maior parte do público de teatro e dos críticos ainda o considera a base da experiência teatral, e com o alcance global da prática ocidental, o "drama moderno" internacionalmente, em geral, supõe essa ligação. Não obstante, o contínuo desafio para o teatro separado do drama, que está no coração da performance experimental do Ocidente por mais de um século, se tornou aceitável como uma parte significativa dessa arte e, assim, no futuro próximo o teatro parece estar certamente envolvido tanto com as manifestações dramáticas quanto pós-dramáticas.

Capítulo 4
Teatro e performance

No último quarto do século XX, o termo performance ganhou uma proeminência ainda maior em relação aos estudos teatrais, primeiro nos Estados Unidos, depois na Europa, e no fim do século em todo o mundo. Em boa medida, isso se deve à posição predominante da Europa, em especial a ocidental, e dos Estados Unidos, nos estudos teatrais e no desenvolvimento e difusão dessas novas teorias e práticas nesse campo e em outros correlatos. Conforme a performance se tornava cada vez mais um tema de preocupação dos pesquisadores do teatro na Europa e nos Estados Unidos, era inevitável que ela se espalhasse para outras partes do mundo.

Embora possa se encontrar alguma variação da palavra teatro em muitas línguas europeias, sem dúvida por conta do acordo geral europeu de que essa arte se originou na Grécia clássica, da qual o termo é derivado, o pano de fundo linguístico do termo performance é um pouco distinto. Como muitas outras palavras inglesas modernas, o ancestral de "performar" é francês, do antigo termo francês *parfournir*, que significa "fazer" ou "realizar". Apesar de a palavra francesa moderna *fourni* (e a palavra inglesa *furnish*[1] bem próxima a ela) descender de *parfournir*, não há uma palavra francesa moderna correspondente a performance, sobretudo nos muitos significados um tanto distintos que ela desenvolveu em inglês. Isso também é verdade para as demais línguas românicas e outras línguas europeias. Assim, ainda que o termo performance seja agora comum no mundo, ele é emprestado do inglês, como *computer* ou *internet*. Do mesmo modo, várias aplicações dele também foram emprestadas, quase todas derivadas fundamentalmente de teóricos nos Estados Unidos, onde o conceito moderno de performance foi desenvolvido. Mesmo lá, o termo se refere a uma ampla variedade de fenômenos, mas a melhor maneira de se ter uma ideia das implicações da performance e seu impacto no teatro é começar com seu desenvolvimento e as preocupações a que ela se dirige nos Estados Unidos. Lá, o uso moderno do termo se desenvolveu com vários modelos de sua relação com o teatro.

A performance e o mundo da arte

O interesse moderno na performance pode ser remontado a muitos desenvolvimentos diferentes do início dos anos 1970, no mundo da arte, no teatro acadêmico e nas ciências sociais, principalmente na sociologia e antropologia. No mundo da

---

[1] *Fourni* e *furnish*, respectivamente do francês e do inglês, podem ser traduzidas ao português por "fornecer", "providenciar". (N. T.)

arte, um determinado interesse nas operações do corpo vivo como um meio artístico, um tanto distinto das preocupações do teatro tradicional, pode ser encontrado em vários movimentos de arte experimental por todo o século XX: no futurismo; no Dadá; nos *happenings*[2] de Allan Kaprow; nas obras do movimento Fluxus, mas em geral estes permaneceram confinados ao mundo das artes visuais. De fato, alguns dos artistas mais influentes envolvidos em tais obras, como Kaprow, negavam qualquer associação com o teatro, com seus procedimentos pré-fixados, suposições e regras.

No início dos anos 1970, obras particularmente preocupadas com as atividades de corpos vivos se tornaram uma parte importante do movimento de arte conceitual para além das fronteiras de materiais artísticos tradicionais. Os termos *"body art"* [arte do corpo], "performance artística" e às vezes *"life art"* [arte da vida] começaram a ser utilizados para tais obras. Algumas delas seguiram os exemplos dos *happenings* de Kaprow das décadas anteriores, mostrando atividades cotidianas como andar, dormir, comer ou beber. Outros levavam o corpo a condições físicas extremas, mesmo a um perigo real; a mais notória

---

2 "O termo *happening* é criado no fim dos anos 1950 pelo americano Allan Kaprow (1927-2006) para designar uma forma de arte que combina artes visuais e um teatro *sui generis*, sem texto nem representação." HAPPENING. In: *Enciclopédia Itaú Cultural de Arte e Cultura Brasileira*. São Paulo: Itaú Cultural, 2023. Disponível em: http://enciclopedia.itaucultural.org.br/termo3647/happening. Acesso em: 4 jun. 2023. Verbete da enciclopédia. (N. T.)

talvez seja a performance *Shoot*, de 1971, em que um amigo do artista Chris Burden atirou no braço dele com um rifle utilizando uma bala de verdade (Figura 7).

CHRIS BURDEN
Shoot
November 19, 1971
#9

Figura 7. Chris Burden, *Shoot*, 1971

Enquanto tais exemplos espetaculares de performance atraíam quase toda a atenção da mídia, esses casos extremos representavam apenas uma pequena parte do que estava se tornando um novo meio de expressão artística muito importante, localizada em algum lugar entre o teatro e a arte conceitual e envolvendo o corpo vivo, em geral, numa aparição solitária. Embora Kaprow e outros continuassem a exigir a separação da performance artística do teatro, as duas formas cresceram e se desenvolveram de maneira próxima nos anos 1970. Talvez o mais relevante nessa convergência tenha sido a performance feminista que, quase por definição, era totalmente desprovida de um conteúdo discursivo e que em geral seguia uma longa tradição de performance de monólogo no teatro; antes, ela era dedicada ao tópico específico da experiência de mulheres na sociedade contemporânea, frequentemente numa perspectiva autobiográfica. A performance de homens e masculina predominou no início da arte performática, mas os anos 1970 viram um florescimento de performances feministas, refletindo o rápido crescimento, naquela década, das preocupações das mulheres por toda a arte e cultura, sobretudo nos Estados Unidos. O sul da Califórnia assumiu, desde o início, o protagonismo em tal tipo de obra, com artistas como Linda Montano e Rachel Rosenthal, mas Nova York foi outro centro importante, com muitas das mais conhecidas artistas de performance mulheres, incluindo Yoko Ono, Carolee Schneeman e Laurie Anderson.

O termo "performance" na tradição inglesa

Enquanto o conceito e a prática da performance artística ganhavam importância e visibilidade (nos anos 1980, a seção de arte e lazer do *New York Times* incluía regularmente a seção "performance" ao lado de "teatro" e "música"), o termo "performance" também assumia um novo significado nas ciências sociais e no teatro. Há muito ele é associado ao teatro na língua inglesa, ainda que não o seja, como já mencionado, em outras línguas europeias, mesmo as mais próximas ao inglês. O verbo "performar" remonta à Idade Média, porém na época de Shakespeare ele se desenvolveu em uma associação particular com a apresentação de obras teatrais e musicais. O registro do primeiro uso do substantivo "performance" é de 1709, por Richard Steele, em uma das primeiras edições de seu periódico *The Tatler*, referindo-se a um show beneficente apresentado pelo ator Thomas Betterton. Desde então, uma performance se tornou o termo comum em inglês para indicar a obra ou o ator em uma ocasião teatral particular, como em "a performance de Hamlet por Richard Burton foi impressionante", ou para se referir à atividade teatral em si, como em "A peça teve trezentas performances". Em inglês, é um termo tão familiar quanto "teatro" ou "drama". Na década de 1970, contudo, o termo "performance" começou a ser utilizado com conotações notavelmente distintas, desvencilhando-se de tal forma do teatro a ponto de os departamentos acadêmicos, conferências e publicações dedicadas ao "teatro e performance" poderem ser encontradas em todo o mundo de língua inglesa e além dele, atualmente. Ainda que essa transformação tenha ocorrido no interior do mundo acadêmico dos estudos teatrais, ela foi inspirada, basicamente, pelos desenvolvimentos em outras disciplinas acadêmicas, sobretudo as ciências sociais, e não pela aparição e proliferação nessa mesma década da performance artística moderna, que aparentemente seria a mais possível influência direta.

A "virada performativa" nas ciências sociais

Uma relevante virada na orientação metodológica aconteceu nas ciências sociais entre os anos 1950 e 1970, que ficou conhecida como "virada performativa". Uma figura central nesse aspecto foi Kenneth Burke, um teórico da literatura e filósofo estadunidense, um dos primeiros a utilizar a linguagem teatral e metáforas para auxiliar na compreensão dos fenômenos sociais e culturais, uma abordagem à qual ele se referia como "dramatismo". Em seus dois principais livros, *A Grammar of Motives* [Uma gramática de motivos] e *A Rhetoric of Motives* [Uma retórica de motivos], ele analisou a interação humana como uma série de acontecimentos mais ou menos conscientemente "encenados" para produzir determinados efeitos sobre outros. Essa abordagem, afastando-se de modelos mais simbólico-abstratos e estruturais para estudar interações cotidianas e estratégias comunicativas de práticas incorporadas, caracterizou muito do trabalho mais importante e inovador nas décadas seguintes na Antropologia, Sociologia, Etnografia, Psicologia e Linguística.

Uma vez introduzido, o conceito de performance se espalhou rapidamente pelas ciências sociais como uma ferramenta analítica; de fato, é possível verificar que sua emergência acontece em poucos anos nos fins da década de 1950. Uma figura central nesse processo foi Erving Goffman, possivelmente o mais influente sociólogo estadunidense do século XX. Em sua obra mais relevante, *A representação do eu na vida cotidiana*, de 1959, Goffman desenvolveu em certo grau de detalhe a abordagem que ele denominou, ecoando consciente ou inconscientemente Burke, de "análise dramatúrgica". O primeiro capítulo de seu livro é intitulado "Perfomance", que Goffmann definiu como "toda atividade de um indivíduo que se passa em um período caracterizado por sua presença contínua diante de um grupo particular de observadores e que tem sobre estes alguma influência".[3] Embora Goffman aplicasse essa definição a uma ampla variedade de interações sociais, é possível ver quão perto ele chega de um modelo teatral ao perceber que isso poderia ser utilizado para descrever quase toda a performance artística das décadas vindouras com uma precisão similar, e, nesse sentido, qualquer apresentação de teatro tradicional solo.

Na Antropologia, o estudioso britânico Victor Turner, cuja reputação em seu próprio campo compete com a de Goffman na Sociologia, teve um papel similar ao introduzir a orientação performativa, que foi articulada de maneira evidente em sua obra *Schism and Continuity* [Cisma e continuidade], de 1957. Apesar de seu tema ser um tanto convencional, um estudo sobre a etnia Ndembu da Zâmbia, a abordagem foi estruturada em formas dramáticas. Ao estudar as dinâmicas

---

3 Goffman, Erving. *A representação do eu na vida cotidiana*. Trad. Maria Céila Santos Raposo. Petrópolis: Vozes, 2002, p.29. (N. T.)

pelas quais as sociedades passavam de um modo de organização para outro, Turner cunhou o termo "drama social", tornando-o, como Burke, um tipo de estrutura dramática previsível nesse processo.

A orientação de Turner foi reforçada pelo antropólogo estadunidense Milton Singer, que introduziu o termo "performance cultural", agora amplamente utilizado, em uma coletânea de ensaios sobre cultura indiana organizado por ele em 1959. Singer motivou o estudo de tais performances como provedoras das unidades de estrutura de uma cultura mais concretamente observáveis. Ainda que ele se concentre no grupo e não no indivíduo, sua definição de performance cultural é surpreendentemente similar à definição de Goffman de uma performance; e novamente, apesar de esse não ser o foco de Singer, ela serviria perfeitamente para descrever um evento tradicional do teatro. As características que definem uma performance cultural, de acordo com Singer, eram: um intervalo de tempo delimitado, um começo e fim demarcados, um programa de atividade organizado dentro desse período, um grupo de performers, uma plateia e um lugar e ocasião específicos.

Teoria do ato de fala

Uma terceira contribuição relevante para a teoria da performance moderna veio do campo da Linguística, sobretudo no desenvolvimento da teoria do ato de fala. Os fundamentos dessa abordagem foram apresentados em uma série de palestras de John Austin, em 1955, em Harvard, que foi publicada com o título *How to Do Things with Words* [Como fazer coisas com palavras]. Aqui, Austin chamou a atenção para um uso particular da língua, que ele denominou "performativo". Em tal fala, as palavras não apenas afirmam algo, como na maior parte da língua, mas também realizam algo, de fato, no mundo real. Seu exemplo mais conhecido é tomado dos votos de matrimônio e a fala do ministrante sobre a nova união. Noam Chomsky, o mais influente teórico da linguística moderna, também deu nova proeminência ao termo "performance" em 1965 em seu livro *Aspectos da teoria da sintaxe*, embora sua utilização do termo fosse diferente e mais inclusiva que a de Austin. Aqui, ele fazia a distinção entre "competência", um conhecimento geral que um falante tem de uma língua, e "performance", a aplicação específica desse conhecimento em uma situação discursiva.

John R. Searle, aluno de Austin, desenvolveu posteriormente a teoria do discurso como ação com mais notabilidade em seu livro de 1969 *Speech Acts* [Atos de fala]. Em vez de designar, como Austin fizera, somente algumas instâncias específicas da fala como performativas, Searle argumenta que toda fala tem um aspecto performativo, no qual se expressa a intenção do falante de causar determinado efeito no ouvinte. Uma teoria da linguagem, ele disse, era, na verdade, parte da teoria da ação. Assim, no final dos anos 1960, figuras centrais na Linguística (Austin e Searle), na Antropologia (Singer e

Turner) e na Sociologia (Goffman) estavam propondo o conceito de performance como uma nova maneira produtiva para organizar e entender o material social e cultural que cada uma de suas disciplinas estava comprometida a estudar. Richard M. Dorson, em um artigo de 1972 no campo dos estudos de folclore, que havia passado sobre uma reorientação similar nas décadas anteriores, designava a nova abordagem como mais "contextualizada" e a caracterizava como envolvendo uma mudança de uma pesquisa do texto folclórico para a função daquele texto como um "ato comunicativo e performativo" em uma situação cultural particular.

Apesar de todos esses teóricos, como Burke antes deles, terem se inspirado no vocabulário do drama e do teatro para essa nova abordagem, poucos deram alguma atenção ao teatro como possível local de aplicação das ideias que estavam desenvolvendo. De fato, Austin excluiu, especificamente, o discurso teatral de seus estudos, com base em que as declarações performativas de alguma maneira eram "rasas ou nulas" quando pronunciadas por atores em uma performance teatral. Ele afirmou que naquelas circunstâncias a língua não era utilizada de maneira "séria", mas em um modo que chamou de "parasita" com relação ao seu uso normal. Tais ressalvas sobre o teatro não foram expressas na França, onde pelo menos no campo da Sociologia surgiu um significativo interesse disciplinar nas operações do teatro desenvolvidas em meados dos anos 1950, assim como a "virada performativa" estava começando a ser explorada pelos teóricos anglo-saxões. Essa nova orientação foi introduzida por um dos principais sociólogos do período, Georges Gurvitch. Embora sua principal preocupação fosse a sociologia do conhecimento e em particular da lei, ele foi fundamental ao organizar uma conferência pioneira na aplicação da análise sociológica ao teatro, que aconteceu no Royamont na França em 1955. Ele sintetizou os procedimentos dessa conferência em um notável e visionário ensaio, "Sociologie du Théâtre" [Sociologia do teatro], publicado em 1956. Como Goffman, ele chamou a atenção para o elemento teatral em toda as cerimônias sociais, mesmo em uma simples recepção ou em pequenas reuniões de amigos, e que cada indivíduo no curso de sua interação com outros desempenha uma variedade de "papéis sociais". Porém, ao contrário de Goffman, Gurvitch também realizou análises sociológicas do próprio teatro, considerando como seus performers e plateia também estavam comprometidos em realizar a performance de uma "ação social".

Os comentários de Gurvitch sobre a "teatralidade" da vida social foram expandidos por outros sociólogos e antropólogos franceses nos anos seguintes, mas sua atenção particular ao teatro foi deixada de lado, na medida em que esses acadêmicos aplicaram a análise teatral aos mais tradicionais objetos de estudo em seus campos. Um bom exemplo de tal trabalho foi *La Possession et ses aspects théâtraux chez les Ethiopiens de Gondar* [A posse e seus aspectos teatrais nos etíopes de Gondar], de Michel Leiris. Até 1963, nenhum acadêmico havia assumido o desafio de aplicar tal análise ao teatro; nesse ano, Jean Duvignaud publicou seu pioneiro *Sociologie* [Sociologia], o primeiro livro importante em qualquer língua dedicado a esse assunto. Nos anos 1960, Duvignaud e outros continuaram a desenvolver esse campo na França, mas seu trabalho passou despercebido pela maior parte de teóricos do teatro na Inglaterra e nos Estados Unidos. O primeiro reconhecimento significativo em inglês de sua obra apareceu em 1972 no livro *Theatricality* [Teatralidade], de Elizabeth Burns. Nele, Burns defende uma abordagem sociológica do teatro, que, ela reclama, até àquela época havia permanecido como "completamente uma preocupação de acadêmicos franceses", sobretudo Gurvitch e Duvignaud.

Certamente Burns estava correta em notar o provincianismo dos acadêmicos do teatro de língua inglesa, que por quase duas décadas haviam ignorado essa nova abordagem significativa à análise do teatro em desenvolvimento na França, embora seja de alguma maneira surpreendente ver que ela não tinha qualquer familiaridade com a obra de Raymond Williams, que era à época uma figura proeminente no mundo intelectual britânico e que mais de uma década antes havia assumido justamente esse tipo de análise do drama em seu conhecido livro *A longa revolução*. No parágrafo inicial do capítulo intitulado "A história social das formas dramáticas", Williams começa notando que a natureza da organização da experiência no teatro se dava em termos de "performance", e procedia para a defesa de que como o drama, em geral, opera em um contexto social, era mais fácil analisar sua história social em muitos aspectos que a história social da maior parte das outras artes. A título de ilustração, ele então passa a aplicar a análise social à história do drama inglês do período medieval até sua época.

Richard Schechner e a *TDR*

Como um acadêmico inglês, Burns evidentemente não sabia que nos Estados Unidos um interesse em tal obra estava em pleno desenvolvimento nesses anos (aparentemente, tampouco sabia do que se passava na França ou, nesse aspecto, de Williams). No centro de seu interesse estava Richard Schechner, que em 1962 se tornou o editor da *Tulane Drama Review* (renomeada *The Drama Review* ou simplesmente *TDR* em 1967). Nos anos 1960, Schechner fez desse periódico a publicação teatral mais importante em língua inglesa preocupada com os vários novos movimentos e abordagens daquela década turbulenta. O periódico havia começado a se concentrar em literatura dramática, em especial no novo trabalho vindo da Europa como Genet e Ionesco, mas em 1964 Schechner principiou a se concentrar mais em produção, apresentando The Living Theatre, Stanislavsky e Grotowski. Então, na edição de verão de 1966, Schechner publicou um ensaio que marcaria a afirmação fundacional do subsequente movimento de estudos da performance nesse periódico, à época nos Estados Unidos e, por fim, internacionalmente.

Esse ensaio, "Approaches to Theory/Criticism" [Abordagens à teoria/crítica], é baseado não na pesquisa tradicional de teatro, mas nas ciências sociais, sobretudo na obra de antropólogos de Cambridge que, no início do século XX, tinham uma profunda influência sobre especulações em torno das origens da tragédia grega. Admitindo que essas especulações haviam sido muito desabonadas, Schechner argumenta que é tempo de considerar o teatro a partir de uma outra dimensão, aquela de suas operações como um dos muitos tipos de performance humana pública ao lado de rituais, jogos e esportes. Em uma nota de rodapé a essa afirmação-chave, Schechner cita Goffman ao estender a performance potencialmente a *qualquer* atividade humana, mas afirma que seu conceito é muito mais limitado, restrito a uma atividade assumida por um indivíduo ou um grupo com o objetivo central de levar prazer a outro indivíduo ou grupo. A tentativa de aplicar o conceito de performance aos jogos e esportes levou Schechner aos maiores teóricos da cultura que haviam analisado as dinâmicas do jogo, Johan Huizinga e Roger Caillois, assim como à obra mais recente do psiquiatra canadense Eric Berne, *Games People Play* [Jogos que as pessoas jogam], citada por Schechner como apoio para sua junção de rituais, jogos e performance.

Eric Berne foi por pouco tempo uma fonte importante para Schechner nessa nova busca. A edição de verão da *Tulane Drama Review* apresentava um artigo sobre a aplicação da metodologia de Berne da análise transacional à direção, além de uma entrevista com Berne intitulada "Notes on Games and Theatre" [Notas sobre jogos e teatro], em que o psiquiatra sugere que o trabalho de um ator deveria ser considerado não como a representação de um personagem, mas como lidar com uma série de transações interpessoais específicas.

Schechner não avançou nesse interesse em seus dois últimos anos como editor, mas voltou a isso, de maneira significativa, em 1973, quando seu sucessor editorial, Michael Kirby, estava apresentando uma série de edições especiais em assuntos como teatro negro, performance visual e entretenimento popular, e chamou Schechner para ser editor convidado a organizar uma edição sobre teatro e ciências sociais.

O principal artigo de Schechner, ainda que curto (uma página e meia), assume os interesses que ele havia manifestado em 1967 e oferece uma visão mais programática de sete áreas-chave nas quais ele argumenta que a teoria da performance e as ciências sociais coincidem. Schechner aparentemente não sabia do projeto similar de Gurvitch duas décadas antes, mas as áreas que ele elenca são muito similares, incluindo a performance na vida cotidiana, reuniões de todos os tipos, esportes, peças rituais e alguns aspectos da etnografia e psicoterapia. Ele menciona Goffman, Lévi-Strauss e Gregory Bateson como importantes figuras não representadas naquela edição; esta, ele, admite, está muito voltada para duas áreas potenciais, entre muitas outras – cinese e terapia. De fato, mesmo estas não estão amplamente representadas com dois artigos sobre cinese e um sobre terapia ocupacional. Schechner conclui a introdução admitindo que essa edição especial é apenas um começo e um chamado para o estabelecimento de um periódico exclusivamente dedicado à teoria da performance, em que ele promete colaborar como puder.

Como tal periódico não surgiu, Schechner começou, de maneira muito bem-sucedida, a construir uma antologia de escritos sobre a teoria da performance que eram centrais para o estabelecimento do campo e que foram reunidos pela primeira vez, em 1976, em *Ritual, Play, and Performance* [Ritual, jogo e performance], uma coletânea coeditada por Schechner que alcançava, de maneira muito mais evidente, os objetivos que ele havia estabelecido na edição especial da *TDR* três anos antes. Além de ensaios do próprio Schechner, esse livro inclui textos de Lévi-Strauss, Huizinga, Bateson Konrad, Lorenz, Jane Lawick-Goodall, Goffmann, cuja obra havia inspirado Schechner desde o início, e Victor Turner, que se tornaria o cientista social mais estreitamente associado ao desenvolvimento dos estudos da performance de Schechner. Uma segunda coletânea, *Essays on Performance Theory 1970-1976* [Ensaios sobre a teoria da performance 1970-1976], foi composta apenas com ensaios do próprio Schechner, mas outros dramaturgos, sobretudo Goffman e Turner, eram frequentemente citados ali.

Turner e Schechner se encontraram em 1977, e desde então, até a morte de Turner, em 1983, os dois trabalharam juntos de maneira muito próxima. Um dos frutos disso, dois anos após seu encontro, foi o primeiro curso oferecido não só na New York University (NYU), mas em qualquer instituição acadêmica, sobre "teoria da performance". Ele foi dirigido por

Schechner e Turner, mas com participação de professores pesquisadores de dança, antropólogos, psicanalistas, semioticistas e artistas de teatro experimental. Em poucos anos, um corpo de cursos correlatos tinha se desenvolvido, o departamento havia mudado seu nome para Departamento de Estudos da Performance, o primeiro no mundo, e já em 1981 uma publicação sobre estudos da performance, editada pelos estudantes, começou a ser lançada regularmente. Jill Dolan, sua primeira editora, depois se tornou uma das pioneiras no desenvolvimento da teoria do teatro feminista.

Schechner voltou à editoria da *The Drama Review* em 1986, anunciando que a preocupação central do periódico se tornaria "performance em todas as suas dimensões", incluindo dança, música, teatro, arte de performance, entretenimento popular, mídias, filmes, esportes, rituais, performance na vida cotidiana, política, performance folclórica e jogos. Dois anos depois, o periódico enfatizou essa reorientação, como o Departamento de Drama da NYU havia feito no início da década, ao mudar seu nome. Já não era mais *The Drama Review*, ele agora passaria a se chamar, oficialmente, *TDR*, com o subtítulo: *The Drama Review: A Journal of Performance Studies*. Os editores explicaram que queriam se separar completamente do drama, mas foram demovidos pelos protestos dos frequentadores de bibliotecas. Três anos depois, "*A Journal of Performance Studies*" [Um periódico de estudos da performance] foi ajustado para o menos modesto, mas basicamente preciso "*The Journal of Performance Studies*" [O periódico de estudos da performance].

A difusão dos estudos da performance

Em meados dos anos 1980, contudo, a NYU não era mais a única instituição com um programa em estudos da performance, nem mesmo esse era o único programa nos Estados Unidos. Em 1984, o Departamento de Interpretação na Northwestern University em Chicago mudou seu nome para Departamento de Estudos da Performance, e no ano seguinte o primeiro programa em estudos da performance foi inaugurado fora dos Estados Unidos na Aberystwyth University, em Wales. Na década seguinte, essa nova disciplina acadêmica surgiu em universidades ao redor do mundo, na Europa, Índia e até na Austrália. Em 1997, sua abrangência internacional era o suficiente para justificar a fundação de uma organização mundial, a Performance Studies International. Os Estados Unidos permaneceram a principal localização de departamentos de estudos da performance, e o campo havia sido dominado por dois programas pioneiros, na NYU e na Northwestern, cujas histórias eram diferentes e assim, em certa medida, o foram suas ênfases e influências.

Como vimos, os estudos da performance da NYU se desenvolveram a partir do programa de teatro e do crescente interesse de Schechner nas ciências sociais e, sobretudo, nas obras de Goffman e Turner. O programa na Northwestern surgiu, ao contrário, do estudo do discurso e da comunicação oral. Ele se voltou a um interesse na performance em sua própria versão da "virada performativa" envolvendo muitas disciplinas em fins do século XX, e comumente envolvida de alguma maneira na virada de uma ênfase no texto para o comportamento expressivo em geral e particularmente como tal comportamento estava, então, sendo explorado nas ciências sociais por acadêmicos como Singer, Goffman e Turner. A figura central nessa virada na Northwestern foi Dwight Conquergood, um antropólogo que procurou entender as culturas locais tanto em Chicago como em outros lugares do mundo por meio de uma análise de suas práticas de performance.

Embora os estudantes e as afirmações teóricas provenientes desses programas fundacionais tenham sido centrais para o desenvolvimento desse campo nos Estados Unidos e subsequentemente no mundo todo, o modelo da NYU foi mais influente no teatro, de modo que, além dos programas de estudos da performance, especificamente, há agora ainda mais programas acadêmicos designados por alguma combinação desses termos, como "Estudos do Teatro e Performance" (Stanford, Brown, Maryland e outras). Tais misturas são amplamente encontradas nas ciências sociais, mas raramente são reconhecidas como uma área acadêmica oficial (como por exemplo a Escola de Teatro, Performance e Estudos de Políticas Culturais na Warwick University na Inglaterra).

Essa conexão mais próxima entre estudos de teatro com a escola da NYU é bastante compreensível, uma vez que tal programa surgiu do teatro e era dirigido, em boa medida, nos anos iniciais, por Schechner, um ator e teórico deste. Contudo, essa genealogia também teve um efeito colateral infeliz: correta ou incorretamente, Schechner e outros sentiram a necessidade de enfatizar a independência do campo com relação ao teatro frequentemente de maneira bastante alarmante, conforme os estudos da performance estavam se consolidando. Talvez o momento-chave nessa divisão tenha sido a ideia central de Schechner em 1992 na convenção anual da Association for Theater in Higher Education [Associação de Teatro na Educação Superior], a principal organização acadêmica de teatro nos Estados Unidos. A fala foi posteriormente publicada como um editorial da *TDR*. Uma afirmação central dessa palestra que se tornou famosa ou notória foi: "O fato é que o teatro como o conhecemos ou o praticamos – a encenação de dramas escritos – será o quarteto de cordas do século XXI: um gênero amado, mas extremamente limitado, uma subdivisão da performance". Tal afirmação confirmou a crença de acadêmicos tradicionais do teatro, muitos já desconfiados dessa nova área, de que os estudos da performance postulariam um tipo de ameaça ao teatro, arrogantemente relegando-o ou procurando absorvê-lo. Na década seguinte houve uma tensão bastante evidente entre as duas abordagens nos Estados Unidos e de algum modo na Inglaterra, mas hoje, uma década mais tarde, essa tensão praticamente desapareceu. O teatro e a performance desenvolveram, em boa medida, uma relação próxima, até mesmo simbiótica, apontada pelos muitos programas acadêmicos que não incluem ambos os termos em seus títulos.

Estudos de teatro e performance

Sob essas circunstâncias, torna-se importante perguntar como o teatro mudou por conta dos desafios e da gradual acomodação à performance e aos estudos da performance. Quais os resultados, nos Estados Unidos e em outros países, de a associação do termo "teatro", já há muito estabelecido, se tornar cada vez mais conectado no século XXI com o recente termo "performance"? A mudança foi profunda, questionando muitas das mais básicas hipóteses de acadêmicos e praticantes do teatro, sobretudo no assim chamado "Ocidente", essencialmente composto pela Europa e pelos Estados Unidos, onde o campo moderno dos estudos do teatro foi criado e desenvolvido e onde a grande parte dos estudos desse tema (incluindo, é claro, este) continua a ser produzida.

Olhando retrospectivamente para meio século de rápidas mudanças de ideias pelo mundo sobre qual tipo de atividade o teatro é e qual papel ele desempenha e desempenhou na cultura humana, é claro que o surgimento dos estudos da performance forneceu aos estudos do teatro, tal como estes existiam em meados do século passado, uma variedade de novas perspectivas sobre essas questões, em uma época em que os antigos modelos eurocêntricos do teatro eram vistos cada vez mais como inadequados como conhecimento e de interesse em atividades do tipo do teatro em outras culturas e em outras partes do mundo que se expandiam rapidamente. Um dos livros mais influentes dos anos 1960 foi *A estrutura das revoluções científicas*, de Thomas Kuhn, o qual argumentava que os campos científicos não progridem de maneira linear e consistente, mas seguem um conjunto particular de hipóteses que ao longo do tempo se provaram incapazes de acomodar novos dados. Por fim, a tensão no antigo sistema se tornou tão grande que surgiram novas estratégias de compreensão e análise que poderiam cooperar melhor com esse novo material naquilo que Kuhn, de forma bastante conhecida, chamou de "mudança de paradigma". O conceito de Kuhn, sem dúvida, deve muito de sua rápida difusão ao fato de que, por muitas razões, várias áreas do conhecimento, à época, estavam passando ou estavam prestes a passar por esse tipo de importante reorientação.

Dentre essas áreas estava a compreensão do teatro, que então ainda seguia a duradoura tradição de considerar essa arte não somente como baseada em textos literários, mas em uma coleção bem estabelecida de textos de dramaturgos de um grupo bastante limitado de países. Os anos 1960 também viram um sério questionamento dessa exclusividade, sob a forma de ataques àquilo que era conhecido como cânone. Quando o teatro emergiu como um campo de estudos independente no Ocidente, no final do século XIX, ele notavelmente não questionou o cânone há muito estabelecido por estudiosos de literatura. O teatro continuou a privilegiá-lo, quase todo composto por dramaturgos da Europa Ocidental – Shakespeare, Schiller, Molière, Ibsen –, ao lado de algumas outras figuras dos Estados Unidos e Rússia (O'Neill, Miller, Tchekhov), enquanto ignorava quase todo o restante do mundo, com exceções simbólicas bastante modestas do drama sânscrito clássico na Índia e o bunraku e o nô no Japão. Ao se separarem dos acadêmicos da literatura, os novos acadêmicos do teatro mudaram sua orientação do estudo das imagens, temas, personagens e estruturas desses dramaturgos para o estudo de suas condições de performance: como eram suas atuações, como eram encenadas, em qual tipo de espaço físico eram apresentadas. As obras de fato consideradas como constitutivas do "teatro", contudo, não mudaram – um pequeno número de dramaturgos, sobretudo homens da Europa Ocidental de reconhecido mérito literário.

No fim do século, no entanto, estudiosos do teatro, assim como seus colegas nos estudos literários em diferentes línguas europeias, começaram a incorporar a seus estudos das obras desse cânone as dinâmicas e os processos pelos quais ele havia surgido e por meio dos quais ele se mantinha. Gradualmente surgiu a consciência de que o cânone, longe de ser o resultado de padrões de excelência artística objetivos e imutáveis, havia sido construído, às vezes de forma consciente, mas na maior parte do tempo inconscientemente, para demonstrar a supremacia de determinados grupos – uma classe, uma etnia, uma nação, um gênero – em um sistema autocriado e autojustificado. O primeiro questionamento significativo a esse sistema canônico, em especial no teatro, veio de estudiosas feministas. Esses ataques, porém, foram logo seguidos por uma tomada de consciência da inadequabilidade do modelo canônico para o teatro que, em fins do século XX, procurava se redefinir como uma área global de estudos e de produção, e não apenas um fenômeno europeu como havia sido até então.

Aqui, novamente o modelo canônico há muito aceito apresentava sérios problemas, uma vez que continha poucos exemplos de um imenso corpo de teatro não ocidental que uma nova consciência mais global revelava. O antigo modelo de alta arte europeia não possibilitava outra maneira de discussão sobre quaisquer desses materiais, a não ser com formas inferiores ou mais primitivas do que aquelas que o Ocidente havia desenvolvido mais completa e artisticamente; ou como atividades culturais exóticas e coloridas, objeto de interesse de antropólogos e folcloristas e não de estudiosos do teatro. Em boa medida, isso se devia ao histórico privilégio do texto literário do Ocidente (esse fenômeno é discutido com mais detalhes na seção sobre drama e teatro) e também da performance individual daquele texto (particularmente o original) como o principal objeto artístico de estudos. Isso necessariamente distorceu ou excluiu o interesse em muitas tradições não ocidentais que, de fato, possuíam tais textos ou tais orientações teóricas.

As limitações desse modelo tampouco eram confinadas às tradições do teatro ou a manifestações individuais fora da esfera europeia. O estudo do chamado teatro ocidental também era bastante limitado. Mesmo quando se consideravam peças seguramente dentro do cânone, importantes manifestações teatrais, como a fluidez dos textos de performance para performance e ainda mais de reapresentação a reapresentação, eram amplamente ignoradas por uma tradição que insistia em considerar a peça como se ela operasse da mesma maneira que um texto literário estabelecido, se movendo imutável pelo tempo como um quadro ou uma escultura. O papel da plateia e do contexto social de cada produção particular era, consequentemente, ignorado. Além disso, é claro, o teatro popular ou quaisquer tipos de obras que estivessem fora do cânone, mesmo na tradição europeia, recebiam pouca ou nenhuma atenção, exceto em raros casos quando eles poderiam ser considerados como "fontes" para um drama literário mais respeitável, como a *commedia dell'arte* o fora para Molière e muitos outros.

Essas limitações e restrições no interior dos estudos tradicionais de teatro haviam se tornado tão óbvias e tão problemáticas no final do século XX que havia chegado a hora de uma importante reorientação no campo para respondê-las. Em suma, aquilo que Kuhn chamou de "mudança de paradigma" foi requisitado na compreensão ocidental do que era o teatro. Os estudos da performance forneceram o principal mecanismo para essa mudança, abrindo o conceito de teatro para uma perspectiva mais global, mais democrática e em que o foco do teatro saía do texto dramático para todo o evento, do qual a apresentação deste era uma parte, e em alguns casos sequer a parte essencial.

Pode-se caracterizar essas importantes mudanças como aquela que a performance motivou no teatro como internalização, democratização e contextualização.

Performance internacional

Apesar das estreitas ligações com sua cultura particular, uma significativa parte do teatro mundial sempre teve um elemento internacional. Há registros de tours de indivíduos ou companhias na época clássica tanto na Europa quanto na Ásia. As companhias de comédia itinerantes criaram uma rede de performance pela Europa nos períodos do Renascimento e do Barroco, e a melhora nos transportes permitiu que grandes atores do século XIX e grandes companhias do início do século XX fossem vistos por plateias em todo o mundo. Esse processo continuou a se expandir por todo o século à medida que os meios de comunicação e transporte melhoravam. No início dos anos 1960, muitas pessoas envolvidas com o teatro concordaram que a crescente atenção internacional do influente periódico *TDR* expressava o desenvolvimento de uma consciência internacional do campo. À época, desenvolver uma consciência internacional para os estudiosos do teatro anglo-saxões, sobretudo dos Estados Unidos, significava basicamente sair de sua própria tradição para considerar artistas como Artaud e Grotowski. Mas as edições posteriores da *TDR* foram além do modelo eurocêntrico tradicional, levando em conta outras áreas do mundo como a América Latina e a Ásia. Nisso, a *TDR*, como o fazia frequentemente durantes esses anos, refletiu e motivou novas preocupações importantes nos estudos do teatro ocidental em geral. Nessas duas décadas, à medida que Schechner desenvolvia suas ideias sobre performance, elas eram profundamente influenciadas por seu estudo sobre os rituais e outras atividades de performance na Nova Guiné e na Índia. Sem dúvida, a crescente globalização da cultura nesses anos teria levado a uma maior consciência das práticas teatrais pelo mundo mesmo sem uma particular influência da *TDR* nem o surgimento dos estudos da performance, mas também é inegável que as ideias e estratégias desenvolvidas no interior dos estudos da performance reforçaram e influenciaram profundamente essa tendência.

Concentrar-se na performance foi particularmente relevante para superar um notável obstáculo no desenvolvimento de uma compreensão e avaliação mais global do teatro. Trata-se de um problema criado pelo colonialismo. Em todos os lugares por onde os grandes impérios coloniais estavam espalhados, sobretudo o inglês, francês e espanhol, que, por fim, abarcavam quase toda a terra, os padrões europeus de cultura, incluindo o teatro, foram impostos ou ao menos sustentados como modelos superiores que os artistas locais deveriam imitar. As formas locais de entretenimento público anteriores ou celebrações eram, em geral, ignoradas, consideradas como atrasadas ou insignificantes. Assim, por exemplo, histórias europeias e árabes do teatro geralmente ainda registram que o teatro era de desconhecimento do mundo árabe até ser introduzido pela apresentação de uma peça no estilo de Molière em Beirute, em 1847, desconsiderando séculos de performances públicas – narrações, teatro de fantoches, esquetes cômicas etc. – que não se encaixavam nos padrões da ideia de teatro europeia do século XIX. Situações similares poderiam ser citadas ao redor do mundo. Assim, graças ao colonialismo, estudiosos do teatro puderam, até tempos muito recentes, considerar-se relativamente internacionais ao estudar obras dramáticas da África, do Sul e do Leste da Ásia, do Oriente Médio e da América Latina sem jamais sair dos confortáveis e familiares modelos da tradição europeia fielmente imitados por dramaturgos coloniais em todas essas áreas.

O surgimento do teatro pós-colonial pôs em xeque essas confortáveis hipóteses, e os estudos da performance forneceram um caminho para os estudiosos do teatro irem além e abordar tipos de expressão cultural que seguissem o modelo de teatro-padrão europeu, mas oferecia uma experiência igualmente rica e complexa para suas sociedades.

Figura 8. Ritual Theyyam, Kerala, Índia

Muitas das tradições da performance fora das normas ocidentais não situavam o texto literário no centro de sua experiência. Portanto, a reorientação trazida pela performance, que não via mais o teatro como a incorporação de uma peça literária preexistente, mas sim como um acontecimento social e cultural, uma experiência particular, provou-se especialmente libertadora (Figura 8). Muito relacionada a isso, é evidente, estava a dissolução da ideia tradicional de alta cultura europeia e da centralidade do cânone, ambos sérios obstáculos à compreensão e avaliação de eventos da performance de outras culturas e ao reconhecimento da importância de muitas atividades teatrais não literárias na cultura popular das assim chamadas nações ocidentais. Por fim, os estudos da performance contribuíram de maneira decisiva para uma nova forma de pensar sobre o teatro, não como um objeto artístico isolado, mas como uma experiência incorporada em processos culturais. Um livro fundamental na articulação dessa mudança foi *Art as Event* [Arte como um acontecimento], o qual defendia que a verdadeira compreensão das artes de performance havia sido dificultada pela aplicação de estratégias desenvolvidas em artes como literatura ou pintura. A principal diferença, obviamente, é a performance, cujo reconhecimento força uma mudança analítica de um objeto na percepção para um episódio na experiência. Embora Hinkle não fosse um estudioso nem do teatro nem da performance, mas um professor de filosofia, sua ideia está completamente alinhada com aquilo que se articulou naquela década por Schechner, ao formular seu conceito de performance. Pode-se ver como Schechner está próximo a Hinkle em suas afirmações sobre sua distinção entre drama, script, teatro e performance em seu ensaio de mesmo título de 1973. Ali ele definiu o drama como o texto originalmente criado por um escritor de peças; o script como uma forma particular criada a partir daquele texto para uma produção em específico; o teatro como os movimentos e gestos dos performers encenando aquele script; e a performance (tal como Hinkle a via) como todo o evento, incluindo a plateia, os performers, os técnicos – todos presentes. Essa mudança na perspectiva analítica do teatro como um objeto para o teatro como um evento, implicada na ênfase na performance, foi muito importante para os estudos teatrais subsequentes.

Assim, a crescente afiliação comum do teatro com performance, sobretudo em termos de disciplinas, vai além de um interesse no tipo de atividade, um tanto estreito, chamado "arte de performance" que floresceu no fim do século XX e desde então tem, francamente, perdido relevância. Ela também vai além da associação muito mais central daqueles dois termos nos tempos modernos, os quais insistiam que a realização física da peça no palco, isto é, sua performance, era essencial para um entendimento do teatro. Se for considerado como um tipo particular de atividade humana encontrada em muitas culturas, o conceito de performance, tal como tem sido desenvolvido desde os anos 1960, acrescenta a essas associações o reconhecimento que deve ser levado em conta em uma grande variedade de manifestações e em relação a outras atividades culturais correlatas, como rituais, festivais, passeatas cívicas, danças, espetáculos de fantoches, circo e narrativas. A performance ofereceu ao teatro uma visão da atividade humana que lhe permite escapar do modelo restrito de uma atividade cultural específica do fim do século XIX na Europa e em seus satélites culturais, e se tornou aberta a algo mais próximo de uma consideração global do teatro, uma preocupação cada vez mais importante em um mundo cada vez mais interconectado.

Capítulo 5
Os fazedores de teatro

Uma das características mais específicas do teatro e de sua arte irmã, a ópera, é a ampla variedade de pessoas envolvidas em sua criação. Em geral, considera-se uma obra de arte como sendo criada por um único artista – o poeta, o pintor, o arquiteto, o músico – mas, embora o escritor de peças com frequência (ainda que não sempre) trabalhe sozinho, quando sua peça é convertida em teatro, todo um grupo de outros colaboradores é necessário. Nesta seção, vamos examinar o papel desses outros colaboradores e o que eles trazem, ou trouxeram, ao teatro em diferentes épocas da história e em diferentes partes do mundo.

O ator

O ator é evidentemente o colaborador central para quase toda forma de teatro. Se voltarmos, mais uma vez, à definição básica de Eric Bentley de teatro: "A personifica B enquanto C olha", devemos notar que essa não é apenas a definição de teatro, mas da arte de atuar. Assim que um ser humano se posta diante de outros e finge ser algo ou outra pessoa, tanto a atuação quanto o teatro são criados. Nessa forma mais básica, o teatro não precisa sequer ser uma criação de grupo; o artista sozinho, o ator, apresenta sua criação diretamente a um público, assim como o pintor ou o poeta pode fazê-lo. Via de regra, é evidente, o ator é apoiado por uma ampla rede de outros artistas, figurinistas que fornecem sua roupa e o ambiente ao redor, o escritor da peça que lhe fornece as palavras, o diretor que o situa em um mundo conceitual específico etc. Discutirei cada um dos outros colaboradores adiante, mas claramente é com o ator que se deve iniciar.

Há provas de que a atuação remonta à mais antiga das civilizações humanas. Acredita-se que uma figura misteriosa, comumente chamada de "Feiticeiro", encontrada nas paredes da Caverna dos Três Irmãos na França, em geral retrata um xamã ou um performer vestido com a pele e os chifres de um veado; em suma, alguém comprometido em representar. A figura data da Era da Pedra, por volta de 13 mil a.C. (Figura 9). Aristóteles situa o nascimento do teatro naquela época em que um performer individual, Téspis, saiu do coro dionisíaco e assumiu o papel de um personagem específico. Em sua homenagem, os atores no Ocidente muitas vezes ainda são chamados de "tespianos".[1] Embora o coro tenha permanecido como uma parte relevante do teatro clássico grego, a importância relativa do ator aumentou constantemente. No século V a.C.,

---

1 Em inglês, um dos significados da palavra *thespian* é "ator". Esse uso, no entanto, não é comum em língua portuguesa. (N. T.)

Ésquilo acrescentou um segundo ator, permitindo uma conversação que não envolvia o coro, e Sófocles acrescentou um terceiro, mas não se acrescentou mais ninguém no período clássico. No início, os próprios escritores de peças atuavam como atores principais, porém no final do século os atores profissionais faziam os três papéis.

Figura 9. Ator fantasiado nas paredes da caverna paleolítica dos Três Irmãos, França

Tanto os papéis femininos quanto masculinos eram feitos por homens, mas quase sempre o teatro clássico grego tinha pouca preocupação com o realismo. Os atores todos vestiam figurinos estilizados, grandes máscaras e sapatos altos, dando a impressão de ser maiores que a vida. O costume de realizar a performance em roupas tradicionais e com máscaras foi levado ao teatro romano e teve continuidade nas pantomimas romanas do último teatro clássico. A associação dessa forma de arte com as máscaras era tão próxima que ainda hoje uma representação estilizada de máscaras da tragédia e comédia é um símbolo-padrão para representar o teatro.

A primeira forma relevante de teatro na Ásia, o teatro sânscrito, não usava máscaras, mas estas eram comuns nas formas de dança dramática posteriores desenvolvidas a partir dessa tradição. Os atores masculinos e femininos realizavam a performance de padres e frequentadores do templo, derivadas da comunidade religiosa. No século XI, as performances de mulheres aconteciam apenas no interior dos templos, enquanto os homens poderiam realizar performances fora deles. Em geral, do período medieval em diante, o teatro na Europa se tornou cada vez mais realista, e tais elementos formais como máscaras e danças tenderam a desaparecer (exceto em alguns espetáculos da corte e interlúdios e na tradição da parcialmente mascarada *commedia dell'arte*). Na maior parte do restante do mundo, contudo, ao menos até o período colonial, a performance teatral, usualmente vinculada a um ritual, muitas vezes permaneceu conectada com bastante força a tais elementos formais, assim como a própria arte de atuar. A tradição de performers mascarados foi mantida no drama nô e em formas como o coreano *Talchum*, que literalmente quer dizer "danças de máscara"; e em outras formas, como o kabuki ou o kathikali do Sudeste da Índia, em que elaboradas maquiagens no estilo de máscaras davam a mesma impressão, reforçadas por um figurino tradicional decorativo bastante rico. A África Ocidental, sobretudo a Nigéria, tem uma importante tradição de dança dramática com máscaras, assim como a América Latina, especialmente o México e a Guatemala.

Embora haja alguns exemplos de mulheres no palco durante a Idade Média europeia, elas só foram aparecer regularmente a partir de meados do século XVI na Espanha e na Itália, por volta de 1600 na França e com a Restauração na Inglaterra, em 1660. Antes disso, de maneira mais evidente no teatro shakespeariano, os papéis de mulheres eram realizados por meninos e jovens homens. Essa prática tem sido, por vezes, recuperada nos tempos modernos para obras elisabetanas, como no reconstituído Globe Theatre em Londres nos dias atuais. A predominância do realismo no Ocidente, contudo, tem reforçado, desde o século XVII, o elenco masculino e feminino. No entanto, houve notáveis exceções, como os papéis-travesti, em que as mulheres se vestiam de homens desde que elas apareceram pela primeira vez nos palcos, bastante populares especialmente na Inglaterra, e várias formas de papéis *drag*, com homens aparecendo como mulheres. Ambos, é claro, são parte importante dos experimentos teatrais de gênero recentemente.

Em muitos períodos e culturas, os atores realizavam performances sozinhos, mas é muito mais comum eles aparecerem como parte de um grupo ou companhia, e até recentemente a maior parte de tais grupos permaneceu um tanto estável por longos períodos. Em alguns casos, as companhias consistiam de membros de uma mesma família ou de parentes próximos, principalmente nas itinerantes da *commedia dell'arte* no Renascimento. Esse foi o padrão até o fim do século XIX, quando influentes atores como Sarah Bernhardt acharam mais vantajoso em termos econômicos ingressar temporariamente em qualquer grupo que pudesse oferecer melhores oportunidades. Hoje, em especial nos Estados Unidos, companhias de atores que permanecem juntos por longos períodos são apenas uma pequena parte da cena teatral, e o mais comum é os atores se reunirem para uma produção específica e depois se dispersarem.

Essa estrutura rompeu o sistema tradicional de mestre-aprendiz de formação de atores que ainda é encontrado em muitas partes do mundo e que torna tanto a formação quanto o emprego de atores nos Estados Unidos um sistema bastante instável. Outro efeito de uma companhia com bastante tempo de existência é o de motivar atores a repetir certos tipos de papéis ou relações em diferentes peças; assim um ator apresentaria certo "tipo" ou "linha de negócio", tal como representar moças solteiras inocentes ou homens idosos benevolentes. Até meados do século XIX, muitos escritores criaram peças construídas em torno desses tipos e das relações estabelecidas entre eles.

Todavia, com o surgimento do Romantismo e a defesa das ideias artísticas individuais, o antigo sistema de seguir as expectativas dos tipos começou a desaparecer. O ator "romântico" era notado pela emoção, por sua imprevisibilidade e por seu desejo de interpretar papéis tradicionais, como aqueles de Shakespeare, de maneiras bastante não convencionais. Enquanto o ator do século XVIII era aclamado, como os do palco japonês clássico, pela intensidade e força emocional que ele trazia para um estilo tradicional de performance, o ator romântico procurava alcançar esses efeitos por meio da originalidade.

Não é por coincidência que, no final do século XVII, os teóricos europeus começaram a considerar, pela primeira vez, o papel das emoções na atuação. Isso só surgiu depois que atuar deixou de ser considerado, antes de tudo, como uma repetição efetiva de gestos, tons e atitudes bem estabelecidas. Denis Diderot foi quem articulou com mais notoriedade tal posição, com seu famoso "paradoxo" de que o melhor ator era aquele que de fato sentia pouco, mas tinha capacidades técnicas para imitar emoções de maneira exata. O ator romântico, por outro lado, procurava construir sua atuação sobre emoções que ele realmente sentia; essas posições contrárias, atuar a partir da "cabeça" ou do "coração", ecoaram pela teoria e formação de atores ocidentais desde então. O teórico mais associado com a utilização da emoção foi, sem dúvida, Constantin Stanislavsky, diretor do Teatro de Artes de Moscou no fim do século XIX. Seu conceito de ator "vivendo o papel" foi a fonte principal do "método" estadunidense de atuação, que se tornou a abordagem central para os atores interpretarem os dramas realistas que predominaram no século XX no Ocidente.

Embora nos tempos modernos os atores populares tenham alcançado grande visibilidade e status social, durante a maior parte da história e em muitas regiões do mundo sua posição social era precária. Quando protegidos pelos monarcas e outros governantes eles eram, no máximo, um tipo de funcionário da corte, servindo às ordens de seus mestres reais, mas era muito mais comum eles existirem às margens da sociedade. O teatro kabuki começou, basicamente, como uma vitrine de prostitutas, e as atrizes com frequência, justa ou injustamente, têm sido consideradas como tal. A Igreja Ocidental quase desde o início desconfiava da arte de atuar e em geral proibia a atores os sacramentos ou a participação em atividades religiosas. Apenas no século XIX a profissão de atuar ganhou um respeito social na Europa, e mesmo atualmente o ator ou a atriz, independentemente de sua fama e proeminência, ainda carrega uma aura ligeiramente boêmia para boa parte do público.

São as aventuras e interações dessas criaturas envolventes, misteriosas, volúveis, eróticas, os atores, por algumas maneiras refletindo profundamente a nós mesmos e por outras absurdamente estranhas, que sempre formaram a base do teatro.

O fantoche

Pode parecer estranho a um leitor ocidental dedicar uma seção ao fantoche, mas se considerássemos somente a performance de atores vivos, omitiríamos uma parte muito significativa do teatro mundial. Não há nenhum lugar no mundo em que uma relevante tradição de fantoches não exista, e na Ásia ela compete, em termos de importância, com o teatro de atores vivos. Animais de brinquedo, figuras humanas com partes que se movem por meio de cordas, que podem ou não ser utilizadas para contar histórias, foram encontradas no Egito e no Vale do Indo, datando de antes de 2000 a.C. O primeiro registro de figuras inanimadas utilizadas para contar histórias, contudo, vem da Grécia no século V a.C., o mesmo período que viu o pleno florescimento do teatro vivo. Os bonecos costumavam ser figuras de terracota manipuladas por cordas. Três séculos mais tarde, as performances de fantoche de Tamil foram registradas no Sul da Índia. A maior parte dos fantoches do mundo é manipulada por um único operador, geralmente de cima, utilizando cordas, ou de baixo, por meio de varetas ou outros apoios. A principal exceção é o bunraku japonês, cujos grandes fantoches são manipulados por três ventríloquos cada, visíveis, mas vestidos de preto, um controlando a cabeça e o braço direito; outro, o braço esquerdo; e um terceiro, os pés e pernas.

Os fantoches controlados de cima por cordas começaram a ser chamados de *marionettes* por volta de 1600 na Itália, ainda que seu uso tanto nesse país quanto na França remonte a três séculos antes disso. Já no século XIII, marionetes de madeira apresentavam a *Opera dei Pupi*, baseada em poemas de trovadores, na Sicília, uma tradição que existe ainda hoje. Muitos consideram que no início a *commedia dell'arte* foi fortemente influenciada por essa tradição, por sua vez inspirada na figura britânica do Punch, cujo primeiro registro é de 1662 e se tornou parte relevante dessa cultura. Embora tenham sido e ainda sejam realizadas performances com muitas outras formas de fantoches na Europa, a marionete tem sido a predominante. Chaucer, em fins do século XIV, apontou o uso de fantoches na Inglaterra, e eles eram um entretenimento comum em lares aristocratas e feiras na época elisabetana, mais notavelmente servindo como base de uma cena-chave na *Feira de Bartolomeu*, de Ben Jonson, de 1614.

As marionetes sempre tiveram um papel significativo no teatro europeu, apesar de raramente serem objeto de atenção de tradicionais historiadores do teatro. No século XVIII, as apresentações de Punch e Judy estavam entre os entretenimentos teatrais mais populares na Inglaterra e foram exportados, de maneira bem-sucedida, para o continente e para a América. Na Europa Central, as óperas de marionetes eram uma forma extremamente popular, e aquela tradição ainda hoje é homenageada no teatro de marionetes de Salzburgo, fundado em 1913.

A personagem de comédia Pulcinella, que inspirou Punch na Inglaterra, também foi inspiração para o personagem francês Polichinelo, cuja primeira aparição data de 1804, o qual foi logo relegado a segundo plano por conta de seu colega marionete Guignol, cuja popularidade na França competia com a de Punch na Inglaterra. Perto do fim do século XIX, os teóricos simbolistas e os dramaturgos defenderam a marionete como uma figura abstrata que poderia tocar em correntes mais profundas do universo do que atores humanos; além disso, estaria completamente sob o controle de um diretor, uma figura teatral cujo controle sobre a produção era parte importante da teoria simbolista. A superioridade teatral da marionete com relação ao dramaturgo, apontado já em 1810 em um famoso ensaio do romântico alemão Heinrich von Kleist, foi promulgada de maneira notável por Edward Gordon Craig em seu "The Actor and e Über-Marionette" [O ator e a supermarionete], de 1908. No século XX, o teatro de marionete de estilo europeu permaneceu como um importante elemento do teatro naquele continente e se difundiu até a Austrália.

No Leste da Ásia e no Oriente Médio, a forma predominante de teatro de fantoches não foi a marionete, mas o teatro de sombras, que utiliza fantoches bidimensionais manipulados por baixo e iluminados por trás contra uma tela translúcida para formar imagens. Diz-se que o teatro de sombras surgiu na China sob o imperador Wu, da dinastia Han, no século I a.C. Ela permaneceu uma importante forma de arte nas dinastias seguintes e na dos mongóis que conquistaram a China no século XIII. Os mongóis, por sua vez, levaram a forma para outras partes de seu império em expansão, com mais destaque para a Ásia Central e o Oriente Médio.

Até os tempos modernos havia uma próspera tradição de teatro de sombras na Índia, provavelmente importada da China, mas o principal lar do teatro de sombras hoje é o Sudeste da Ásia, que importou essa arte da Índia ou da China. Malásia, Camboja e Tailândia têm um teatro de sombras ativo, porém o mais conhecido é o *wayang kulit* da Indonésia, cujo corte com muitos detalhes e personagens decorados é um símbolo tão familiar do teatro do Sudeste Asiático como as máscaras gregas para o teatro ocidental.

A outra área central para o desenvolvimento do teatro de sombras é o Oriente Médio. Os estudiosos concordam que este foi trazido da Turquia para o Egito no século XVI e de lá se difundiu sobre o Império Otomano, possibilitando o surgimento de muitas tradições de fantoches vivas ainda hoje, encabeçadas pelo *karagoz* turco; mas a maneira pela qual a forma se desenvolveu no Egito ainda é alvo de disputa. Alguns, recordando os fantoches do Egito antigo, defendem que ela se desenvolveu lá sem qualquer influência asiática, enquanto outros, apontando que os mercadores árabes eram ativos na Indonésia já no século V, sugerem que houve um empréstimo daquela parte do mundo. De todo modo, ela se estabeleceu de maneira sólida no Egito por volta do século X e permaneceu a forma teatral predominante por séculos. Até o fim do século XIII, o autor de dramas egípcio Ibn Daniyal criou para esse teatro alguns dos dramas medievais mais sofisticados já produzidos em qualquer parte do mundo.

Embora esses dois tipos básicos de fantoches tenham sido os mais comuns, podem-se encontrar muitas outras variedades em dezenas de países pelo mundo com uma forte tradição nesse sentido, desde fantoches de mão e de braço que, como os Muppets, tiveram um importante impacto no filme, palco e televisão estadunidenses, aos exóticos fantoches de água da Tailândia, que parecem se mover na água, mas são controlados por varetas sob sua superfície. Juntos, fantoches e seus manipuladores continuam a estar entre os principais fazedores do teatro mundial.

O designer

Os primeiros atores supostamente realizavam a performance a céu aberto, depois diante de fundos neutros com panos pendurados, e logo em frente a fundos arquitetônicos relativamente neutros, como podemos ver no palco sânscrito ou nos teatros clássicos da Grécia e de Roma. De acordo com Aristóteles, a decoração desse fundo neutro começou com Sófocles, que "inventou a pintura de cena", afirma o filósofo. Contudo, o designer aparece como um artista relevante no teatro ocidental somente a partir do Renascimento, quando as cortes, primeiro da Itália e depois da França e de outros lugares, motivaram extravagantes espetáculos cênicos no teatro e fora dele, como uma demonstração da sua riqueza e poder. Artistas fundamentais, como Leonardo da Vinci, desenharam para esses teatros, e frequentemente o designer superava em muito o ator em sua contribuição para o acontecimento do teatro.

Isso também é verdade para os extravagantes entretenimentos da corte inglesa chamados *masques* que, sob a influência continental, floresceram ali durante o Renascimento. O primeiro grande cenógrafo, Inigo Jones, como é sabido, discutia com o escritor de peças Ben Jonson sobre qual arte era mais central em tais obras, esquecendo quase completamente os performers. Essa questão não surgiu nas obras de Shakespeare, do mesmo período, pois estas eram criadas para o teatro público, cujo fundo essencialmente neutro não precisava de nenhuma contribuição de um artista cênico.

Isso continuou com o teatro falado neoclássico em geral. Nos séculos XVII e XVIII, a Europa viu um grande florescimento do design cênico, mas ele foi criado, em boa medida, para óperas, espetáculos da corte ou simplesmente para gravuras extravagantes. Esses projetos exemplificam o esplendor barroco – composições formidáveis e intricadas, quase completamente arquitetônicas, substituindo o ponto de fuga único da perspectiva dos arquitetos renascentistas pelas impactantes perspectivas múltiplas. As famílias Bibiena e Galli da Itália, que se uniram entre si, eram os arquitetos favoritos das cortes de Habsburgo e as figuras principais nesse campo por dois séculos.

O drama nô japonês, com seu palco tradicional e basicamente imutável, de fato não precisa de um cenógrafo, mas o kabuki e o bunraku, no século XVIII, voltaram-se cada vez mais para um espetáculo visual e para maquinaria elaborada, que, então, se tornou uma importante parte da experiência do teatro. Os principais nomes ligados a esse espetáculo, no entanto, não eram designers, mas os próprios escritores do período Edo, como Nakamura Denshichi ou Kanai Shozo.

O Romantismo trouxe um estilo completamente diferente para o teatro europeu que, distinto do design barroco, teve uma profunda influência tanto no drama falado quanto na ópera. O primeiro representante significativo dessa nova abordagem foi Philip James de Loutherbourg, que não foi educado pelo design arquitetônico como os Bibiena, mas como um pintor de paisagens. Trabalhando em Londres com o importante ator David Garrick, ele introduziu mais cenários naturais e um novo estado de ânimo e atmosfera. Ele foi o primeiro a empregar a então recentemente descoberta lâmpada de argand para ajudar a alcançar esses efeitos; assim, pode ser considerado o primeiro designer de iluminação também.

Os cenógrafos alcançaram uma nova importância no teatro e na ópera no início do século XIX, oferecendo um espetáculo visual no novo estilo romântico, como a famosa erupção de vulcões de Alessandro Sanquirico no La Scala de Milão, ou na monumental escadaria ou nos monastérios fantasmagóricos criados em Paris por Pierre Ciceri.[2] O maquinista de espetáculo, como Henri Duponchel que trabalhava com Ciceri, surgiu nessa época com outro necessário colaborador teatral, e à medida que o século avançava, às vezes ele era listado

---

2 Trata-se do cenário de "O balé das freiras", parte do terceiro ato da ópera *Robert le Diable* de Giacomo Meyerbeer. (N. T.)

entre os principais artistas para uma produção. O historicismo bem detalhado das produções shakespearianas de Charles Kean nos anos 1830 continuou a influenciar os monumentais cenários do restante do século, culminando nas produções de Henry Irving e Beerbohm Tree. Todos esses importantes diretores trabalharam com vários designers, em geral criando diferentes cenários para a mesma produção.

Embora o figurino tenha sido uma parte da apresentação do ator desde que a arte começou, somente no século XIX é que o figurinista foi reconhecido como um colaborador fundamental para a produção geral. James Planché, figura mais relevante para essa posição, foi quem convenceu Charles Kean da importância dos figurinos históricos, iniciando com seu *Rei John* em 1846.

Uma significativa reação contra tal realismo decorativo elaborado aconteceu no início do século XX, clamando por um estilo mais simples e evocativo, chamado de "nova cenografia". As principais figuras foram Adolphe Appia, da Suíça, e Edward Gordon Graig, da Inglaterra; seus escritos e designs deram à cenografia uma nova proeminência no século XX. Designers como Robert Edmond Jones ou Jo Mielziner nos Estados Unidos, Caspar Neher ou Wilfried Minks na Alemanha, Motley ou John Napier na Inglaterra ou Alexandra Exter na Rússia ganharam tanto renome quanto os atores e diretores com os quais trabalharam.

No fim do século XX, artistas como Robert Wilson dos Estados Unidos, Josef Svoboda da Tchecoslováquia, Jerzy

Grotowski da Polônia e Andreas Kriegenberg da Alemanha se tornaram igualmente conhecidos como designers e diretores.

Desde então, os fundadores da "nova cenografia", liderados por Appia, insistiram sobre a centralidade da iluminação no teatro; o designer de iluminação foi reconhecido como outro importante colaborador à criação do teatro moderno. Ainda que o som seja parte da performance teatral desde o início da arte, a primeira pessoa a ser chamada de designer de som foi Dan Dugan, no American Conservatory Theatre, em São Francisco, em 1968. Hoje, tanto musicais quanto peças faladas regularmente incluem um designer de som entre seus principais artistas para supervisionar o design, a instalação, a calibragem e os efeitos sonoros. Como o teatro tem utilizado cada vez mais outras mídias, ainda se acrescentam outros colaboradores com frequência – sobretudo no campo visual, como projetistas, artistas de vídeo e filme, ventríloquos e criadores de efeitos digitais. Hoje os designers de teatro podem compor uma parte bastante grande da equipe criativa.

O diretor

Uma vez que o teatro normalmente necessita do trabalho combinado de vários artistas, ele também, em geral, precisa de alguém para coordenar esse trabalho, um diretor, a menos que sua tradição de performance seja tão bem estabelecida, como no nô e kabuki clássicos japoneses, que tal mão orientadora não seja necessária. No teatro clássico grego, essa função era realizada pelo autor do drama, e aquela prática frequentemente foi seguida em teatros há muito inaugurados, onde dramaturgos, atores e organizações de teatro têm uma relação contínua como, por exemplo, no teatro francês do século XIX. Às vezes, de modo mais notável no caso de Ésquilo e Molière, o escritor de peças era não só o diretor, mas também o ator principal. No teatro sânscrito e em muitas formas indianas correlatas há uma figura similar, o *sutradhara*, um nome que, em evidente referência ao teatro de marionetes, significa "o que segura as cordas". Ele orquestra as orações e os rituais de abertura e aparece como um performer no prólogo e nas cenas de enquadramento, mas também é o organizador e gerente geral da produção.

Tornou-se um costume em companhias itinerantes desde a *commedia dell'arte* até o século XIX que o ator principal, o *capocomico*, também fosse o diretor. Um papel similar foi o do ator-gerente, que surgiu em fins do século XVI e pode ser encontrado ainda hoje, no qual um ator de destaque forma sua própria companhia e apresenta obras em seu próprio teatro. A maior parte dos principais atores do século XIX na Europa, tal como Henry Irving e Sarah Bernhardt, trabalharam dessa maneira.

No início do século XX no teatro ocidental, o ator-gerente foi comumente substituído pelo diretor moderno que supervisiona todos os aspectos da produção, de tempos em tempos também é o designer, mas em geral não age nem como ator nem como designer. O modelo para essa posição foi desenvolvido no século XIX na Alemanha por artistas como Goethe e

Jorge II, duque de Saxe-Meiningen, e chegou à sua forma mais acabada no início do século seguinte com artistas como Max Reinhardt na Alemanha, David Belasco nos Estados Unidos e pela grande geração de diretores revolucionários russos liderados por Constantin Stanislavsky e Vsevolod Meyerhold (Figura 10).

Figura 10. David Belasco com seus cenógrafos e técnicos, 1912

Nessa mesma época, teóricos como o designer britânico Edward Gordon Craig desenvolveram o conceito do diretor como o artista mestre do teatro, dando-lhe uma unidade e uma visão de totalidade que foi descrita por Richard Wagner como uma "obra de arte total" (*Gesamtkunstwerk*). Esse conceito difundido por todo o teatro ocidental no século XX e daí para os teatros de orientação ocidental em todo o mundo fez com que o século XX seja comumente chamado de "era do diretor". Enquanto nos séculos anteriores os artistas de teatros mais conhecidos eram os escritores, atores ou por vezes os designers, os artistas mais conhecidos do fim do século XX eram, de longe, os diretores: Ariane Mnouchkine, Patrice Chéreau e Peter Brook (que começou sua carreira na Inglaterra), na França; Peter Stein, Peter Zadek e Frank Castorf, na Alemanha; Giorgio Strehler na Itália; Núria Espert e Calixto Bieito, na Espanha; Peter Sellars e Robert Wilson, nos Estados Unidos; Augusto Boal, no Brasil; Yuri Lyobimov, em Israel; Tadashi Suzuki, no Japão; Jerzy Grotowski, na Polônia. Com a facilidade das viagens internacionais, muitos deles se tornaram conhecidos em todo o mundo da mesma forma que o eram em seus países natais.

O diretor moderno usualmente opera não como um simples coordenador do trabalho de outros artistas, mas como um artista criativo por si só, frequentemente produzindo interpretações de obras mais antigas radicalmente em desacordo com a tradição. Essa tendência é chamada pelos alemães de *Regietheater* e em geral remonta às produções do mundo pós-Segunda Guerra Mundial de Wieland Wagner a partir das obras de seu avô, Richard Wagner, em designs bastante não tradicionais, minimalistas e abstratos, baseados nas sugestões do visionário designer Adolphe Appia.

Os tradicionalistas frequentemente atacaram as liberdades tomadas pelos diretores de *Regietheater*, mas tal obra ainda é predominante nos teatros da Europa Continental, sobretudo nos países de fala germânica. Por outro lado, os diretores na Inglaterra e nos Estados Unidos, em geral, seguiram abordagens de palco mais tradicionais no último século. As notáveis exceções, como JoAnne Akalaitis ou Robert Wilson, seguem seu trabalho quase completamente em teatros menores ou no exterior. Assim, as produções inglesas ou estadunidenses são, na maioria das vezes, divulgadas e faladas a partir de seus atores, diferentemente da situação na Alemanha, onde o nome do diretor costuma ser predominante.

A plateia

Pode parecer surpreendente encontrar a plateia entre os "fazedores de teatro", uma vez que a ideia normal de teatro é que ele é "feito" por um grupo de "artistas" *para* uma plateia. Relembremos a breve definição de Eric Bentley citada no começo do livro: "A personifica B enquanto C olha". Ao mesmo tempo que essa breve fórmula de fato abarca uma ampla variedade do teatro mundial, sua hipótese de um C totalmente passivo de modo algum é universal. Boa parte do teatro ocidental pressupõe que ele foi feito no palco e apresentado como um produto acabado para a plateia que simplesmente absorve o que lhe foi apresentado. Essa hipótese foi reforçada com o surgimento do teatro moderno realista, que enfatiza a passividade da plateia ao apagar as luzes do auditório e geralmente desmotivar qualquer resposta ativa da plateia à performance, exceto para risos e eventuais aplausos.

Muitas tradições não ocidentais permitem e, de fato, esperam participação mais ativa da plateia. Para o performer sul-africano contemporâneo Chantal Snyman, uma alta participação da plateia é uma das principais características do teatro africano em geral, e a obra de artistas como Hope Azeda de Ruanda, Mumphu Kwachuh de Camarões, Frederick Philander da Namíbia e Cheela Chilala da Zâmbia forneceram um evidente apoio a essa afirmação. No mundo árabe, as tradicionais performances *halqa*, nome dado ao círculo que a plateia forma em torno dos dramaturgos, da mesma maneira são bastante envolvidas com a participação da plateia, um fato reconhecido nos dramas contemporâneos dos dramaturgos de Tayeb Saddiki em Marrocos a Sa'dallah Wannous na Síria, que criaram peças modernas utilizando a tradicional participação *halqa* da plateia. No Brasil, o muito influente artista e teórico de teatro Augusto Boal desenvolveu várias estratégias para envolver a plateia diretamente, sempre com um objetivo sociopolítico. Sua abordagem mais conhecida é o Teatro Fórum, desenvolvido nos anos 1970 e muito influente em todo o mundo. Nele, os espectadores foram convertidos naquilo que Boal chamava de "espect-atores" que eram incentivados a assumir o processo de criação do texto em performance. Estratégias similares se tornaram comuns em companhias de teatro politicamente engajadas em muitos países hoje.

Uma mudança teórica importante em fins do século XX também mudou notavelmente a visão tradicional das plateias de teatro ocidentais: a teoria da recepção, desenvolvida a partir dos escritos de Wolfgang Iser e Hans-Robert Jauss nos anos 1960. No teatro, essa abordagem insiste que as plateias, longe de serem recipientes passivos, estavam ativamente envolvidas na criação de significado, não necessariamente aquilo que os próprios artistas pretendiam. O evento do teatro passou a ser visto como cocriador pelos performers e plateia, e a plateia de fato formada por atores e outros artistas como "fazedores" colaborativos da experiência. Essa abordagem recebeu um apoio potente em 2008 do renomado teórico francês Jacques Rancière chamada "O espectador emancipado", que enfatizava a capacidade dos membros da plateia em criar seus próprios significados a partir do material apresentado a eles.

Em termos gerais, quando a teoria da recepção falava das plateias como cocriadoras, o que faz com frequência, ela se concentrava no processo de recepção e no fato de que uma plateia singular ou coletivamente poderia interpretar uma obra de arte de modo um tanto distinto do pretendido pelos artistas. Esse processo é bastante evidente quando se está falando de uma obra literária ou uma pintura, mas uma dinâmica diferente é possível no teatro, no qual a audiência está ativamente presente durante o processo criativo e, assim, capaz de realmente participar dele.

O Teatro Fórum de Augusto Boal aponta para um caminho mais radical em que as plateias podem participar do processo de fazer teatro, e isso quer dizer dotá-las com um poder real para determinar o próprio evento teatral. Em muitas formas, essa dinâmica tem sido vista em uma quantidade significativa de experimentos teatrais em fins do século XX e começo do XXI, sobretudo na Europa e nos Estados Unidos. Alguns, com uma orientação política bastante forte, seguiram de perto o modelo de Boal, apresentando à plateia um trecho de script pré-escrito e, então, permitindo-lhes decidir como as personagens e a situação se desenvolverão. Dois exemplos importantes são a companhia Jana Sanskriti de Bengala Ocidental, formada em 1985, que difundiu o Teatro Fórum pela Índia; e a companhia Cardboard, criada em Londres em 1991, que espalhou essas técnicas internacionalmente, assim como o próprio Boal, estabelecendo essa forma de criação da plateia de teatro até em Melbourne, na Austrália. Os procedimentos do Teatro Fórum também foram adotados por teatros comerciais não políticos, como pode ser visto no musical da Broadway *The Mystery of Edwin Drood* [O mistério de Edwin Drood], de Rupert Holmes, que em 1985 permitia às plateias criarem seus próprios finais, distintos a cada noite, para essa adaptação de um romance inacabado de Charles Dickens.

Um tipo bastante distinto de interação da plateia nasce de uma prática que remonta às produções experimentais de início do século XX na Rússia, que mesclavam plateia entre os atores, apesar de não lhes dar poder para de fato moldar a performance. O diretor polonês Jerzy Grotowski converteu membros da plateia em convidados na mesa de *Fausto* em sua produção daquela peça, e em pacientes em um hospital psiquiátrico que era o cenário de sua produção de *Kordian*. Inspirado na obra de Grotowski, Richard Schechner, em seu

Dionysius in 69, de 1969, procurou criar um teatro que ele chamava de "não um evento estético, mas sim social", em que os atores e espectadores fossem incentivados a interagir.

Em 2000, à medida que o novo século iniciava, uma nova companhia em Londres, Punchdrunk, passou a oferecer uma oportunidade ainda mais aberta para a estruturação da experiência do teatro por parte da plateia, que ela chamou de "teatro imersivo". O enorme sucesso da produção *Sleep No More*, de Punchdrunk, inspirada principalmente em *Macbeth*, de Shakespeare, sobretudo depois de ser reencenada em Nova York em 2009, trouxe grande popularidade a produções imersivas em Londres e Nova York e, subsequentemente, em muitos outros centros teatrais do mundo. O teatro imersivo, como apontei no primeiro capítulo, nasce do interesse internacional em teatros *in situ* em fins do século XX, embora também tenha vínculos estreitos com as instalações e os videogames. Apesar das primeiras performances *in situ* simplesmente reunirem plateias em locais fora dos espaços convencionais de teatro, elas em geral esperavam que as plateias ficassem sentadas e passivas, do mesmo modo que em situações tradicionais de teatro. Nos anos 1980 muitos teatros, especialmente na Inglaterra, começaram a apresentar peças em vários locais, nos quais a plateia tinha de circular. A referência nesse tipo de obra, usualmente chamada teatro itinerante ou de caminhada, foi e ainda é o Duke Theatre em Lancaster, que encenou sua primeira peça itinerante em 1987, *Sonho de uma noite de verão*.

O teatro imersivo estende a ideia da caminhada, dando à plateia um alcance maior na criação de sua própria experiência. Em vez de ser guiado a uma série específica de cenas preparadas, eles são deixados livres para vagar como queiram em um amplo ambiente, como uma fábrica abandonada ou um galpão, contendo muitos espaços individualizados, geralmente com decorações elaboradas, que podem ou não conter performers reais. A maior parte das produções imersivas contém uma ação central, embora o quanto desta um membro da plateia pode ver é algo que acontece em parte por acaso, em parte pela escolha daquele membro. Em *Sleep No More*, as plateias não são incentivadas a interagir com os performers nem mesmo uns com os outros, enquanto em *Speakeasy Dollhouse*, que estreou em Nova York em 2011, tal interação é incentivada e, quando acontece um assassinato no mundo da peça, os membros da plateia são interrogados pela polícia como testemunhas.

Apesar de ainda estar centrado na Inglaterra e nos Estados Unidos, o teatro imersivo está se difundido por todo o mundo, graças à internacionalização da performance experimental. A primeira companhia argentina desse tipo de teatro, Usted Está Aqu66, foi fundada em Buenos Aires em 2012 e essa forma tem se mostrado particularmente popular na Austrália. De fato, uma organização foi constituída em Brisbane em 1997, a Interactive Theatre Australia; em 2010 ela se tornou Interactive Theatre International, marcando o interesse global em tal obra. Talvez o grupo de teatro interativo ou imersivo mais impressionante no mundo hoje seja o Signa, fundado em Copenhagen, na Dinamarca, em 2001. Sua produção mais famosa, *The Ruby-Town Oracle* [O oráculo da cidade-rubi], teve performance realizada em Colônia e Berlim em 2007. Aqui, criou-se uma completa vila de ciganos em uma zona supostamente neutra onde os visitantes precisam de passaporte para entrar. Ainda que a cidade tenha uma história construída, assim como os habitantes em performance, membros da plateia podem ir e vir à vontade e interagir com os "habitantes" da forma que escolherem: conversando, fofocando, flertando, dormindo, comendo e bebendo. A experiência foi similar a ser um turista em uma pequena vila em um país desconhecido, e os espectadores podiam tanto realizar performances de si mesmos ou, se desejassem, assumir uma *persona* completamente diferente. A ação era qualquer coisa que eles pudessem negociar com os habitantes ou outros visitantes.

Apesar da crescente popularidade desses diferentes tipos de teatro interativo, a maior parte da experiência teatral mundial permanece próxima à estrutura central ativa-passiva-mimética postulada por Bentley. No entanto, uma fascinação crescente com participação e intervenção, certamente alimentada pela popularidade de vídeos interativos, tem realmente mudado a dinâmica do teatro em todo o mundo, e sem dúvida permanecerá uma nova parte importante da experiência teatral nos anos vindouros. Em um sentido mais literal que antes, então, a plateia será considerada como um dos principais fazedores de teatro.

Leituras de aprofundamento/ Para saber mais

Esta lista traz uma amostra de importantes textos em vários aspectos do teatro em inglês e também serve como um reconhecimento a algumas das principais fontes utilizadas neste livro.

APPIA, Adolphe. *Essays, Scenarios, and Designs.* Trad. de Walter R. Volbach. Ann Arbor, MI: Research Press, 1989.

ARNOTT, Peter. *The Ancient Greek and Roman Theatre.* Nova York: Random House, 1971.

_____. *An Introduction to the French Theatre.* Totowa, NJ: Rowan and Littlefield, 1977.

ARTAUD, Antonin, *The Theatre and Its Double.* Trad. de M. C. Richard. Nova York: Grove, 1958.

ASTON, Elaine; SAVONA, George. *Theatre as Sign-System:* A Semiotics of Text and Performance. Londres: Routledge, 1991.

AUSTIN, J. L. *How to Do Things with Words.* Cambridge, MA: Harvard University Press, 1975.

BALME, Christopher. *Decolonizing the Stage.* Oxford: Oxford University Press, 1999.

BANHAM, Martin (ed.). *A History of Theatre in Africa.* Nova York: Cambridge University Press, 2004.

BARISH, Jonas. *The Antitheatrical Prejudice.* Berkeley: University of California Press, 1985.

BENTLEY, Eric. *The Life of the Drama*. Nova York: Atheneum, 1964.

BIEBER, Margarete. *The History of Greek and Roman Theatre*. 2. ed. Princeton, NJ: Princeton University Press, 1961.

BLUMENTHAL, Eileen. *Puppetry and Puppets*. Londres: Thames & Hudson, 2005.

BOAL, Augusto. *Theatre of the Oppressed*. Trad. de Charles A. McBride. S.l.: Urizen books, 1979.

BOWERS, Faubion. *Theatre in the East:* A Survey of Asian Dance and Drama. Nova York: Grove, 1969.

BRANDON, James. *On Thrones of Gold:* Three Javanese Shadow Plays. Cambridge, MA: Harvard University Press, 1970.

BRANDON, James (ed.). *The Cambridge Guide to Asian Theatre*. Nova York: Cambridge University Press, 1993.

BROCKETT, Oscar; FINDLAY, Robert. *Century of Innovation:* A History of European and American Theatre and Drama since the Late Nineteenth Century. 2. ed. Boston, MA: Allyn and Bacon, 1991.

BROCKETT, Oscar; HILDY, Franklin J. *History of the Theatre*. 9. ed. Boston, MA: Allyn and Bacon, 2003.

BROCKETT, Oscar; MITCHELL, Margaret A.; HARDENBERGER, Linda. *Making the Scene:* A History of Stage Design and Technology in Europe and the United States. Austin: University of Texas Press, 2010.

BROOK, Peter. *The Empty Space:* A Book about the Theatre. Nova York: Touchstone, 1968.

BULMAN, Gail A. *Staging Words, Playing Worlds:* Intertextuality and Nation in Contemporary Latin American Theatre. Lewistown, PA: Bucknell University Press, 2007.

BURKE, Kenneth. *A Grammar of Motives*. Nova York: Prentice-Hall, 1945.

_____. *A Rhetoric of Motives*. Nova York: G. Braziller, 1955.

BURNS, Elizabeth. *Theatricality:* A Study of Convention in the Theatre and in Social Life. Londres: Longman, 1972.

BUTLER, James. *The Theatre and Drama of Greece and Rome*. San Francisco: Chandler, 1972.

CARLSON, Marvin. *Places of Performance:* The Semiotics of Theatre Architecture. Ithaca, NY: Cornell University Press, 1989.

_____. *Theories of the Theatre:* A Historical and Critical Survey from the Greeks to the Present. Expanded edn. Ithaca, NY: Cornell University Press, 1993.

_____. *Performance, A Critical Introduction.* Londres: Routledge, 1998.

CHAMBERS, E. K. *The Medieval Stage.* 2 v. Oxford: Clarendon 1903.

_____. *The Elizabethan Stage.* 4 v. Oxford: Clarendon, 1965.

CHELKOWSKI, Peter J. (ed.). *Eternal Performance:* Ta'ziyeh and other Shiite rituals. Londres: Seagull Books, 2010.

COLE, Toby; CHINOY, Helen K. (eds.). *Actors on Acting,* rev. edn. Nova York: Crown, 1980.

_____. *Directors on Directing.* Nova York: Macmillan, 1985.

CRAIG, Edward Gordon. *On the Art of the Theatre.* Chicago: Brown's Bookstore, 1911.

DOLAN, Jill. *The Feminist Spectator as Critic.* Ann Arbor, MI: University of Michigan Press, 1991.

DOLBY, William. *A History of the Chinese Drama.* Nova York: Harper and Row, 1976.

DUCHARTE, Pierre. *The Italian Comedy.* Trad. R. T. Weaver. Nova York: Dover, 1966.

EVREINOFF, Nikolas. *The Theatre in Life.* Trad. Alexander Nazaroff. Nova York: Brentano's, 1927.

FISCHER-LICHTE, Erika. *The Transformative Power of Performance.* Trad. Saslya Iris Jain. Nova York: Routledge, 2008.

GARGI, Balwant. *Theatre in India.* Nova York: Theatre Arts, 1962.

GILBERT, Helen; TOMPKINS, Joanne. *Post-Colonial Drama:* Theory, Practice, Politics. Londres: Routledge, 1996.

GOFFMAN, Erving. *The Presentation of Self in Everyday Life.* Garden City, NY: Doubleday, 1959.

GROTOWSKI, Jerzy. *Towards a Poor Theatre.* Londres: Simon & Schuster, 1969.

HARDISON, O. B. *Christian Rite and Christian Drama in the Middle Ages*. Baltimore: Johns Hopkins Press, 1965.

HINKLE, Gerard. *Art as Event*. Lanham, MA: University Press of American, 1979.

HUNNINGER, Ben. *The Origin of the Theater*. Nova York: Hill and Wang, 1961.

INNIS, Christopher. *Avant-Garde Theatre, 1892-1992*. Nova York: Routledge, 1993.

JACKSON, Shannon. *Professing Performance:* Theatre in the Academy from Philology to Performativity. Cambridge: Cambridge University Press, 2004.

JOHNSON, Harvey Leroy. *Introduction to the Jesuit Theatre*. ed. Louis I. Oldani. St Louis: Institute of Jesuit Sources, 1983.

JURKOWSKI, Henryk. *A History of English Puppetry*. Lewiston, NY: Edwin Mellen Press, 1996.

KAPROW, Allen. *Assemblages, Environments, and Happenings*. Nova York: Harry N. Abrams, 1966.

KAYE, Nick. *Site-Specific Art:* Place and Documentation. Londres: Routledge, 2000.

KERSHAW, Baz. *The Radical in Performance*: Between Brecht and Baudrillard. Londres: Routledge, 1999.

LAVER, James. *Drama:* Its Costume and Décor. Londres: Studio Publications, 1951.

LEHMANN, Hans-Thies. *Postdramatic Theatre*. Trad. Karen Jürs-Munby. Nova York: Routledge, 2006.

LEIRIS, Michel. *La Possession et ses aspect théâtraux chez les Ethiopiens de Gondar*. Paris: Plon, 1958.

LONDRÉ, Felicia Hardison; WATERMEIER, Daniel J. *The History of the North American Theater*. Nova York: Continuum International Publishing, 2000.

MASON, Bim. *Street Theatre and Other Outdoor Performance*. Londres: Routledge, 1992.

ORTOLANI, Benito. *The Japanese Theatre: From Shamanistic Ritual to Contemporary Pluralism*. rev. ed. Princeton: Princeton University Press, 1995.

RANCIÈRE, Jacques. *The Emancipated Spectator*. Trad. Gregory Elliott. Londres: Verso, 2009.

RICHMOND, Farley et al. *Indian Theatre:* Traditions of Performance. Honolulu: University of Hawaii Press, 1990.

RIDGEWAY, William. *The Drama and Dramatic Dances of Non-European Races*. Cambridge: Cambridge University Press, 1915.

ROACH, Joseph. *Cities of the Dead*. Nova York: Columbia University Press, 1996.

ROOSE-Evans, James. *Experimental Thatre from Stanislavsky to Peter Brook*. Nova York: Routledge, 1996.

RUBIN, Don (ed.). *World Encyclopedia of Contemporary Theatre*. 5 v. Nova York: Routledge, 1995-1999.

SCHECHNER, Richard. *Environmental Theatre*. Nova York: Hawthorne Books, 1973.

_____. *Essays on Performance Theory 1970–1976*. Nova York: Drama Book Specialists, 1977.

_____. *Between Theatre and Anthropology*. Philadelphia: University of Pennsylvania Press, 1985.

SHERGOLD, N. D. *A History of the Spanish Stage from Medieval Times until the End of the 17th Century*. Oxford: Clarendon, 1967.

TAYLOR, Diana. *The Archive and the Repertoire*. Durham, NC: Duke University Press, 2003.

TURNER, Victor. *From Ritual to Theatre*. Nova York: Performing Arts Journal Publications, 1982.

TYDEMAN, William. *English Medieval Theatre, 1400–1500*. Londres: Routledge and Kegan Paul, 1986.

TYDEMAN, William; ANDERSON, Michael J.; DAVIS, Nick (eds.). *The Medieval European Stage, 500–1550*. Cambridge: Cambridge University Press, 2001.

VINCE, Ronald W. *Ancient and Medieval Theater*: A Historiographical Handbook. Westport, CT: Greenwood, 1984.

_____. *Neoclassical Theater*: A Historiographical Handbook. Westport, CT: Greenwood, 1984.

_____. *Renaissance Theater*: A Historiographical Handbook. Westport, CT: Greenwood, 1984.

WILES, David. *Greek Theatre Performance*. Cambridge: Cambridge University Press, 2000.

WILMETH, Don B.; MILLER, Tice L. (eds.). *Cambridge Guide to American Theatre*. 2. ed. Nova York: Cambridge University Press, 1996.

WINET, Evan (ed.). *Indonesian Postcolonial Theatre*. Londres: Palgrave Macmillan, 2010.

ÍNDICE REMISSIVO

A
Abdoh, Reza 44
Aberystwyth University 133
absurdo, teatro do 41
África do Sul, teatro na 90, 168
Akalaitis, JoAnne 167
Alemanha, teatro na 37, 43-5, 69, 77, 80, 108, 164-7
Alexandre, o Grande 14, 19
ambiental, teatro 43-4
American Conservatory Theatre 163
Anderson, Laurie 119
Angels in America (Kushner) 82
Appia, Adolphe 162, 163, 166
Apu Ollantay (anon.) 94
árabe, teatro 27, 142
Argentina, teatro na 106, 172
Ariosto, Ludovico 30
Aristófanes 15
Aristóteles 11, 18, 28, 86, 97, 148, 159
arlequinada 89
Arras, teatro em 26
Artaud, Antonin 76, 141

arte do corpo 117
Association for Theatre in Higher Education (ATHE) 135
astecas 34
Asvaghosa 56
Athalie (Racine) 72
ator-gerente 164
Austin, John 124-5
Austrália, teatro na 37, 157, 172
Áustria, teatro na 68, 78
Auto de fé (Vicente) 63
autos sacramentais 33, 63, 65-6, 73, 75
Avignon, festival de 42
Azeda, Hope 168

B
Bali, teatro em 61
Bateson, Gregory 130-1
Beaumarchais, Pierre Caron de 37
Beckett, Samuel 41
Beerbohm Tree, Herbert 162
Belasco, David 165
Bengala, teatro em 20, 170

{181}

Bentley, Eric 10, 11, 147, 167, 173
Berne, Eric 129
Bernhardt, Sarah 164
Betterton, Thomas 120
Bharata 55
Bhasa 56
Bhavabhuti 19
Bibiena, família 160-1
Bíblia 48, 50-1, 56, 69-70
Bieito, Calixto 166
Black Hills Passion Play [Peça da Paixão dos montes negros] 80
Blackfriars (teatro) 33
Boal, Augusto 92, 166, 168, 169
Bodel, Jean 26-7, 51
Brahma 55
Brandon, James 95-6
Brasil, teatro no 68, 92, 166, 168
Brecht, Bertolt 24, 41, 112
Brook, Peter 42-3, 45, 106, 166
budismo e teatro 25, 54, 56, 58, 59, 60, 72, 73
bunraku 35, 73, 91, 96, 138, 155, 160
Burden, Chris 118
Burke, Kenneth 121-23, 125
Burns, Elizabeth 127-8
Burton, Richard 120

C
Caillois, Roger 129
Calderón de la Barca, Pedro 33, 36, 62, 63
Calliopius 91
Cambridge, ritualistas de 47, 129

capocomico 164
Cardboard (companhia) 170
Cassario (Ariosto) 30
Castorf, Frank 166
catolicismo e teatro, *ver* cristianismo e teatro
Chaucer, Geoffrey 156
Chayefsky, Paddy 77
Chéreau, Patrice 166
Chester, Inglaterra, peças de ciclo em 80
Chikamatsu Monzaemon 35, 37
Chilala, Cheela 168
China, teatro na 20-4, 25-6, 40, 58-60, 86, 96
Chomsky, Noam 124
Ciceri, Pierre 161
ciclo, peças de 27-8, 50, 52-3, 80-1
cinese 130
círculo de giz caucasiano, O (Brecht) 24
círculo de giz, O (Li Xingfu) 23-4.
Claudel, Paul 76, 82
Coliseu 16
comédia 13, 15-6, 19, 28, 87, 89
comédia antiga, *ver* Aristófanes
comédia de estilo médio (Grécia) 15
Comédie Française [Comédia Francesa] 100
commedia dell'arte 16, 31, 37, 87-90, 94-5, 140, 150, 152, 156, 164
Confrérie de la Passion [Confraria da Paixão] 100
confucionismo e teatro 61
Conquergood, Dwight 134

Índice remissivo

Constantino 17
Copeau, Jacques 92
Coreia, teatro na 40, 151
Corneille, Pierre 29
coro 13, 15-6, 29, 86, 88, 91, 148-9
Corpus Christi, festival de 27
corrales 64, 66n
corte de Habsburgo, teatro da 160
corte de Sena 19-20
Cortés, Hernán 33, 64
Craig, Edward Gordon 106-7, 110, 157, 165
cristianismo e teatro 17, 25-8, 33, 49-51, 62-4, 65-72, 76-7, 82-3
Crocus, Cornelius 70
Crowley, Aleister 76
Cumorah Pageant 81-2
cup-and-saucer, peças 40

D

Da Vinci, Leonardo 159
Dadá 117
Dafne (Peri) 29
dalang 90
dança 10, 12, 23-5, 34, 55, 59-61, 94, 111, 132, 150, 151
Daniyal, Ibn 27, 158
de la Halle, Adam 26-7
de Loutherbourg, Philip James 161
Dickens, Charles 170
Diderot, Denis 153
Dinamarca, teatro na 37, 172-3
Dionísio 86
Dionysius in 69 (Schechner) 170-1

ditirambo 86
Dolan, Jill 132
Dorson, Richard M. 125
drama de classe média 40
drama litúrgico 26, 70
drama nô 24, 76, 96, 151, 160
drama protestante 69
Drama Review, The, ver *TDR*
drama romano 16
drame 37
Duchamp, Marcel 44
Dugan, Dan 163
Duke's Theatre em Lancaster 171
Duponchel, Henri 161
Duvignaud, Jean 126-7

E

Edimburgo, festival de 42
Egito, teatro no 12, 26, 155
eleitor da Bavária 72
Eliot, T.S. 76, 82
elisabetano, drama 32, 80, 98-9
elisabetanos, teatros 32, 63-4
Elizabeth, rainha da Inglaterra 28, 31-2, 50
Elizabethan Stage Society 104
emplois 102
Encina, Juan del 62
ennen 59
épico, teatro 41, 112
Escola de Praga 108
Espanha, teatro na 26, 33, 62-3, 73
Espert, Núria 166
Ésquilo 149, 164

Estados Unidos, teatro nos 44, 80-2, 98, 108, 115-6, 119, 128, 133-7, 141, 152, 167, 169-70
Esther (Racine) 72
Europa medieval, teatro na 25-6, 31-2
Europa renascentista, teatro na 28-9
Everyman (anon.) 52, 63
Evreinov, Nikolai 43, 45
expressionismo 41, 111-2
Exter, Alexandra 162
Ezequiel 49

F
Farnese (teatro) 30
farsas de Atellan 87-8
farsas de Mégara 87
Fausto (Goethe) 170
Feira de Bartolomeu (Jonson) 156
feminismo 119, 132, 138
festivais 13, 50, 65, 68, 78, 146
festividades etruscas 87
figurino 18, 20, 25, 91, 96, 101, 150-1, 162
Florença, teatro em 29
Fluxus 117
folios e *quartos* 104
Fórum (teatro) 92, 168-170
Foundry (teatro) 44
França, teatro na 27, 31-2, 36-7, 51, 71, 92, 100, 102, 125, 127, 148, 149 n, 151, 156-7, 159, 166
franciscano, teatro 33-4, 64-7
furnace play [Fogo de fornalha] 70

Fushikaden (Zeami) 24
futurismo 117

G
Galli, família 160
Galli-Bibiena, Fernandino 30, 160
García, Victor 106
Garrick, David 103-4, 161
Genet, Jean 128
Gidayu, Takemoto 35
Gideon (Chayefsky) 77
Globe (teatro) 64, 151
Goa, teatro em 68
Godspell (Schwarz e Tebelak) 77, 82
Goethe, Johann Wolfgang von 37, 164
Goetheanum 76
Goffman, Erving 122, 125
Goldoni, Carlo 36, 89
Goncalvez, Jacome 69
Grécia clássica, teatro na 12-3, 15, 18-9, 87, 148, 163-4
Gregory de Moscou 71
Grotowski, Jerzy 43, 76, 128, 141, 162-3, 166, 170
Guangzong 23
Guarini, Giovanni Battista 29
Guatemala, teatro na 94, 151
Guignol 157
Gurvitch, Georges 126-7, 130

H
hakawati 90
halqa 168
Hamlet (Shakespeare) 102, 120

ÍNDICE REMISSIVO

Han (dinastia) 21, 157
Hanswurst (João Linguiça) 89
happenings 117
helênico, teatro 14-5, 17
hinduísmo e teatro 20, 22, 54-8, 61, 73, 75
Hinkle, Gerald 144-5
Holanda, teatro na 70
Holberg, Ludvig 37
Holmes, Rupert 170
Horácio 28
Hrosvitha 50
Huizinga, Johan 129, 131

I
Ibsen, Henrik 40-1, 75, 137
imersivo, teatro 44, 171-2
imitação 9-11
Império Bizantino e teatro 18
improviso, *ver também commedia dell'arte* 86-9
inca, teatro 94
Índia, teatro na 18-20, 39, 54-7, 73-74, 141-2
Indonésia, teatro na 61 *n*, 95-6, 158
Indra 55
Inglaterra, teatro na 27-28, 32, 36-7, 40 *n*, 50, 76, 80, 89, 98-9, 103, 156-7, 171-2
Interactive Theatre Australia 172
Interactive Theatre International 172
interlúdios 32, 150
Ionesco, Eugène 41, 128
Iorubá 75

Irã, teatro no 52, 74
Irving, Henry 162, 164
Iser, Wolfgang 169
islamismo e teatro 48, 53-4
Itália, teatro na 28, 30-2, 36-7, 87, 151, 155, 159
Izumo no Okuni 60

J
J. B. (McLeish) 77
Jana Sanskriti (companhia) 170
jansenismo 71
Japão, teatro no 24-5, 34-5, 39-40, 58-60, 73, 91, 110-1, 138
Jataka (contos) 58
Jauss, Hans-Robert 169
Java, teatro em 61, 95
jesuíta, teatro 61, 66-9, 70-1, 80, 82
Jesus Christ Superstar (Webber e Rice) 77, 82
Jeu de Robin et Marion, Le (de la Halle) 26
Jeu de Saint Nicolas, Le (Bodel) 26, 51
Ji Junxiang 24
Jones, Inigo 160
Jones, Robert Edmond 162
Jonson, Ben 32, 99, 156, 160
Juana de la Cruz, Sor Inés 66
judaísmo e teatro 48, 54

K
kabuki 34-5, 40, 60-2, 73, 96, 151, 154, 160, 163
kagura 25, 60

Kalidasa 19, 56
Kan'ami 24
Kantor, Tadeusz 112
Kaprow, Allan 117, 119
Karnad, Girish 75
kathikali 151
Kean, Charles 162
Kerala 20
Kirby, Michael 130
Kleist, Heinrich von 157
Kordian (Grotowski) 170
Kriegenberg, Andreas 163
Krishna 56
Kubla Khan 23
Kuhn, Thomas 137, 140
Kushner, Tony 82
Kutiyattam 20
Kwachuh, Mumphu 168
Kyogen 25

L
La Scala (teatro) 161
Lamb, Charles 105
lâmpada de argand 161
Lawick-Goodall, Jane 131
lazzi 31, 88
Lehmann, Hans-Thies 110-2
Leiris, Michel 126
Lessing, Gotthold 37, 73
Lévi-Strauss, Claude 130-1
Li Xingfu 24
Líbano, teatro no 142
Lillo, George 37

Lines of business [Linhas de trabalho] 101-2
Living Theatre 128
livro de Mórmon, O (Stone e Parker) 81-2
livro-guia 98
Llarena, José de Anchieta 68
London Merchant, The [O mercador de Londres] (Lillo) 37
Lope de Vega 33, 63
Lorenz, Konrad 131
Lucerna, teatro em 27
Luís XIV 71
Lutero, Martinho 69-70
Lyobimov, Yuri 166

M
Macbeth (Shakespeare) 103, 171
Madame Li 21
Mahabharata 19, 55-6
Mahābhāsya (Patañjali) 55
maia, teatro 94
Maomé, o Profeta (Voltaire) 73
maori, teatro 75
Marae, teatro 75
marionetes 155-7, 164
Marionetes de Salzburgo, teatro de 156
Marlowe, Christopher 32
máscaras 13, 25, 88, 91, 150-1
masques 160
Matthews, Brander 107
McLeish, Archibald 77
Menandro 15

método de atuação 153-4
México, teatro no 33-4, 64-7, 73, 78, 151
Meyerhold, Vsevolod 165
Mielziner, Jo 162
Miller, Arthur 41, 137
Mime Troupe de São Francisco 92
mimesis 48, 112
mímicos romanos 16
Minks, Wilfried 162
mistério de Adão, O 26
mistério de Edwin Drood, O (Holmes) 170
Mnouchkine, Ariane 106, 166
Moisés 48-9
Molière 29, 36, 71, 89, 100, 137, 140, 142, 164
mongóis 23, 157
Montano, Linda 119
mormonismo e teatro 82
Motley 162
Motolinía 65
mulheres no palco 36, 151
Myanmar, teatro em 58, 59

N
Nakamura Denshichi 161
Nanxi 23
Napier, John 162
narração 10-1, 142
Nataka, peças 19
Nathan, o Sábio (Lessing) 73
Natyasastra (Bharata) 18, 55
náuatle, teatro 65

naumaquia 16
Neher, Caspar 162
Neuber, Caroline 37
New York Times 119
New York University 131
Nigéria, teatro na 39, 75, 90, 151
Ninagawa, Yukio 106
Nora 58
Northwestern University 133
nova comédia (grega) 15-6
Nova Guiné, teatro na 142
Nova Zelândia, teatro na 75

O
O'Neill, Eugene 77, 137
Octavia (anon.) 16
Okina 60
Olmos, Andrés de 65
Olympico (teatro) 30
On Nebuchadnezzar the King [Sobre o rei Nabucodonosor] (Polotsk) 70-1
Ono, Yoko 119
ópera 12, 29, 147
ópera Canjun 20
ópera chinesa 20, 22-3
Opera dei Pupi 156
oralidade 90
órfão da China, O (Voltaire) 24
órfão de Zhao, O (Ji Junxiang) 24
orquestra 13-4, 17, 25

P
palco de proscênio 14-5, 30-1, 43

palco grego 14
palco italiano 30
palco nô 25
palco romano 30
Pantañjali 55
pantomima 18, 89, 94, 150
pantomímicos romanos 16, 91
papéis *drag* 151
papéis-travesti 151
Paquistão, teatro no 170
Parma, teatro em 30
Pearson, Karl 78, 83
Peça da Paixão (Ruhl) 80
peça da Paixão em Iztapalapa 178
peça da Paixão em Oberammergau 77-9
peças da Paixão [*passion plays*], ver cristianismo e teatro
peças de milagre 51
peças de mistério 50, 76
Pequim, teatro em 23
Perera, Lawrence 80
Performance Studies International 133
Peri, Jacopo 29
Peru, teatro no 66-7
Philander, Frederick 168
Pirandello, Luigi 112
Planché, James 162
Plauto 15-7
Poel, William 104
Poética, ver Aristóteles
Polônia, teatro na 43, 76-77
Polotsk, Symeon 71

Pompeia, teatro de 17
Portugal, teatro em 62-4, 68
Prakarana, peças 19
Prâkrit, drama 55-6
procissões 65, 82
proscênio (*proskenion*) 14
Pulcinella 156
Punch e Judy, espetáculos 89, 156
Punchdrunk (companhia) 171
Purimspiel 52

Q
Quem Quaeritis 49-50
Quioto, teatro em 60

R
Ra'binal Achi 94
Racine, Jean 29, 36, 38, 71-2, 100
Ramayana 19, 55, 57, 59
Rancière, Jacques 169
realismo 38, 40-1, 150-1, 162
re-encenação 43
Regietheater [teatro de diretor] 106, 166
Regularis Concordia 26
Rei John (Shakespeare) 162
Rei Lear (Shakespeare) 103
Reinhardt, Max 41, 165
restauração inglesa 36
Rice, Tim 77
Rimini Protokoll (companhia) 44-5
Rites of Eleusis (Crowley) 76
Robertson, Tom 40
romantismo 31, 38, 153, 161

Índice remissivo

Romeu e Julieta (Shakespeare) 103
Rosenthal, Rachel 119
Rotimi, Ola 39
Ruby Town Oracle (Signa) 173
Rueda, Lope de 62
Ruhl, Sarah 80
Rumo a Damasco (Strindberg) 76
Rússia, teatro na 43, 70-1, 92

S
Sachs, Hans 70
Saddiki, Tayeb 168
Saint-Cyr 72
sangaku 24
Sanquirico, Alessandro 161
sânscrito, palco 159
sânscrito, teatro 19-20, 30, 55-6, 94-5, 138, 164
Sanvâdas 56
São Francisco Xavier 68
satíricas, peças 13
Saxe-Meiningen, George II, duque de 165
scenarii na *commedia dell'arte* 95
Schechner, Richard 43, 128-9, 130-5, 141, 144-5, 170
Schiller, Friedrich 37, 137
Schneemann, Carolee 119
Searle, John R. 124
Second City, The (companhia) 92
Sellars, Peter 166
semiótica 108-9
Sen, Ong Keng 42, 106
Sêneca 16, 36

Senegal, teatro em 90
Shakespeare, William 19, 32, 33 *n*, 36, 40, 42, 99, 103-5, 108, 120, 137, 151, 153, 160, 171
Shakuntala (Kalidasa) 19, 56
Shaw, George Bernard 41
shingeki 40
shinpa 39-40
Shiva 56
Shoot (Burden) 118
Shozo, Kanai 161
Sicília, teatro na 156
Sidarta Gautama 58, 60
Signa (companhia) 172-3
Sills, Paul 92
simbolismo 41, 76-7
Singapura, teatro em 106
Singer, Milton 123-4, 134
Síria, teatro na 39, 168
skene 14, 17
Sleep No More (Punchdrunk) 171-2
Smith, Joseph 81
Snyman, Chantal 168
Sófocles 149, 159
Sommo, Yehuda (Leone de'Sommi) 52
Song (dinastia) 21, 23, 25
Sonho de uma noite de verão 171
Soyinka, Wole 39, 75
Speakeasy Dollhouse 172
Spingarn, Joel 107
Spolin, Viola 92
Sri Lanka, teatro no 68-9, 80

Stanislavsky, Constantin 92, 128, 153, 165
Steele, Richard 120
Stein, Peter 42, 166
Steiner, Rudolf 76
Strehler, Giorgio 42, 106, 166
Strindberg, August 41, 76
Sudraka 56
sufismo e teatro 57
Sui (dinastia) 21
Suíça, teatro na 27, 76
Sung (dinastia) 59-60
sutradhara 164
Suzuki, Tadashi 42, 106, 112, 166
Svoboda, Josef 162
Szondi, Peter 110-2

T
Ta'zieh 52-3, 73-4
Tagore, Rabindranath 39
Tailândia, teatro na 58-9, 158-9
Takia-ye Dawlat (teatro) 74
Talchum 151
Tamil (teatro) 155
Tang (dinastia) 21
tayu 7, 91, 96-7
Tchekhov, Anton 137
TDR 128, 131-2, 135, 141-2
teatro de arena 43
Teatro de Artes de Moscou 153
teatro de fantoches 11, 20, 25, 35, 61, 69, 73, 89, 90-1, 96, 142, 146, 155-9

teatro de sombras 20-1, 25-7, 90, 157-8, *ver também wayang kulit*
teatro *in situ* 43, 171
teatro itinerante 81, 171
teatro pós-dramático 110, 112-3
teoria da recepção 168-9
Terêncio 15-7, 25, 36, 50, 91, 93
Téspis 148
testamento de Maria, O (Tóibin) 83
Theatre Arts (festival) 78
Tieck, Ludwig 104
Tirso de Molina 33
Tlaxcala 64-5
Tóibin, Colm 83
topeng, dança 61
tragédia 13, 16, 19, 28-9, 32, 86, 129, 150
três unidades 29, 32
Trinidad, teatro em 39
Tsubouchi, Shoyo 40
Tulane Drama Review, ver TDR
tupi, teatro 68
Turner, Victor 122-3, 125, 131-4

U
Ubersfeld, Anne 109
Usted Está Aquí66 (companhia) 172

V
vagões itinerantes 28, 50
Valdez, Antonio 94
Valenciennes, teatro em 27
vedas 54-5
versos alexandrinos 102-3

Índice remissivo

Vicente, Gil 62-3, 68
videogames 171
Vishwakarma 55
Voltaire 24, 37, 103

W
Wagner, Richard 165
Wagner, Wieland 166
Walcott, Derek 39
Wannous, Sa'dallah 39, 168
wayang golek 61
wayang kulit 21, 61, 95, 158
wayang wong 61
Webber, Andrew Lloyd 77
Webster, John 32
Whitman, Robert 44
Wignyosubroto, Timotheus 61
Williams, Raymond 127
Wilson, Robert 42, 112, 162, 166-7

X
xiismo 53
xintoísmo e teatro 60
Xuanzong 22

Y
Yeats, William Butler 76
York, Inglaterra, peças de ciclo em 80
Yoshimitsu, Ashikaga 24
Yuan, drama 23-4, 96
yukahon 91

Z
Zadek, Peter 166
zaju 23
Zâmbia, teatro na 90
Zeami (Seami) 24, 59-60, 96
Zhang Liang 21
Zimbábue, teatro no 90

SOBRE O LIVRO

Formato: 14 x 21 cm
Mancha: 24,6 x 38,4 paicas
Tipologia: Adobe Jenson Regular 13/17
Papel: Off-white 80 g/m² (miolo)
Cartão supremo 250 g/m² (capa)
1ª edição Editora Unesp: 2023

EQUIPE DE REALIZAÇÃO

Edição de texto
Silvia Massimini Felix (Copidesque)
Marina Ruivo (Revisão)

Capa
Marcelo Girard

Editoração eletrônica
Sergio Gzeschnik

Assistente de produção
Erick Abreu

Assistência editorial
Alberto Bononi
Gabriel Joppert